Schriften des Vereins für Sozialpolitik
Gesellschaft für Wirtschafts- und Sozialwissenschaften

Neue Folge Band 9

SCHRIFTEN DES VEREINS FÜR SOZIALPOLITIK

Gesellschaft für Wirtschafts- und Sozialwissenschaften

Neue Folge Band 9

Beiträge zur Multiplikatortheorie

Von

Dr. Herbert Giersch

und

Dr. Rudolf Richter

Herausgegeben von Prof. Dr. Erich Schneider

VERLAG VON DUNCKER & HUMBLOT

BERLIN 1954

Beiträge zur Multiplikatortheorie

Von

Dr. Herbert Giersch

und

Dr. Rudolf Richter

VERLAG VON DUNCKER & HUMBLOT

BERLIN 1954

Alle Rechte vorbehalten

Copyright 1954 by Duncker & Humblot, Berlin-Lichterfelde
Gedruckt 1954 bei Berliner Buchdruckerei Union GmbH., Berlin SW 29

Vorwort

Am 2. und 3. Januar 1953 hat der Theoretische Ausschuß des Vereins für Sozialpolitik im „Haus Ahlenberg" bei Dortmund seine erste Arbeitstagung veranstaltet. Gegenstand der Diskussionen waren 1. Fragen der Multiplikatortheorie und 2. die Zusammenhänge zwischen Lohnhöhe und Beschäftigung.

Den Besprechungen über den ersten Gegenstand lagen Referate von Dr. H. Giersch (Münster/Westf.) und Dr. L. Richter (Frankfurt am Main) zugrunde, die hiermit veröffentlicht werden. Einige Thesen, die in der Diskussion formuliert wurden, sind den beiden Referaten als Anhang beigefügt.

Die Diskussion über den Problemkreis „Lohnhöhe und Beschäftigung" wird in einer in Kürze stattfindenden Sitzung fortgesetzt werden, weshalb die Publikation des bereits in der ersten Sitzung vorgelegten Referats von Dr. Krelle (Heidelberg) später zusammen mit den übrigen Beiträgen erfolgen wird.

Kiel, im Januar 1954.

E. Schneider

Inhalt

Vorwort 5

Einige kontroverse Fragen der Multiplikatortheorie.
    Von Dr. Herbert Giersch, Münster/Westf. 9

Über die Grenzen der Multiplikatortheorie.
    Von Dr. Rudolf Richter, Frankfurt/Main. 37

Anhang 46

Einige kontroverse Fragen der Multiplikatortheorie

Von Herbert Giersch, Münster i. W.

I. Einführung

§ 1. Es ist die Aufgabe der nachfolgenden Darlegungen, einige ungeklärte Probleme der Multiplikatortheorie und ihrer Anwendung auf die wirtschaftliche Wirklichkeit in systematisch geordneter Form herauszustellen und die alternativen Lösungen und Lösungsmöglichkeiten anzudeuten.

§ 2. Die axiomatische Grundlage des Multiplikatortheorems ist — wie bei einer Reihe anderer Theoreme — eine Identitätsgleichung. Das Theorem basiert auf der einfachen Erkenntnis, daß ein Kreislaufstrom mit sich selbst identisch ist. Je nachdem, ob wir es mit dem Geldstrom, dem Güterstrom oder dem Einkommensstrom zu tun haben, können wir, wenn wir den Strom einmal seiner Herkunft und einmal seiner Richtung nach bezeichnen, folgende Identitätsgleichungen aufstellen:

a) Die Summe aller Zahlungseingänge ist in einem geschlossenen System jederzeit gleich der Summe aller Zahlungsausgänge. Oder: In einem offenen System ist die algebraische Summe aller Zahlungseingänge und aller Zahlungsausgänge gleich dem Zuwachs der Geldmenge (Zahlungsbilanzidentität).

b) In einem geschlossenen System ist das Volumen oder der Wert aller Käufe gleich dem Volumen bzw. Wert aller Verkäufe.

c) Wenn alle Käufe von Gütern und Leistungen mit Auszahlungen verbunden sind, so ist in jedem Augenblick der Wert aller Käufe bzw. Verkäufe gleich der Summe aller Auszahlungen bzw. Einzahlungen. Auf dieser Identität basiert bekanntlich die Verkehrsgleichung.

d) In einem geschlossenen System ist in jedem Augenblick die Wertsumme aller Einkommen gleich der Wertsumme aller Wertschöpfungen, d. h. gleich dem Wert des Stromes aller produzierten Güter und Leistungen.

e) In einem geschlossenen System ist der Wert des Stromes aller laufend produzierten Güter und Leistungen gleich der Summe aller Ausgaben.

Unter Ausgaben versteht man dabei den geldmäßigen Ausdruck für die freiwillige oder unfreiwillige Absorption von Gütern und Leistungen der laufenden Produktion. Ausgaben in diesem Sinne der Absorption der laufenden Wertschöpfung sind eine Kategorie des Einkommenskreislaufs und dürfen nicht mit den Auszahlungen verwechselt werden, die eine Kategorie des Geldkreislaufs sind. Desgleichen sind Einkommen nicht mit Geldeingängen identisch.

Das Multiplikatorprinzip beruht auf der ex definitione gültigen Erkenntnis, daß der Strom der Ausgaben (A) in jedem Augenblick gleich dem Strom der Einkommen (Y) ist:

$$Y = A$$

§ 3. Der nächste Schritt[1] ist die Umwandlung der Identität in e i n e makroökonomische Gleichgewichtsbedingung:

Dieser Schritt setzt zunächst eine Klärung des zugrunde liegenden Gleichgewichtsbegriffs voraus. Unter wirtschaftlichem Gleichgewicht versteht man streng genommen eine Situation, in der die Dispositionen, die die Wirtschaftsubjekte unabhängig voneinander treffen, zufällig miteinander harmonieren und infolgedessen weder durch den Preismechanismus noch durch den Einkommensmechanismus harmonisiert zu werden brauchen; dies ist eine Situation, in der niemand angenehm oder unangenehm überrascht und dadurch zu einer Revision seiner Pläne und seines wirtschaftlichen Verhaltens veranlaßt wird. Das Gleichgewichts e i n k o m m e n ist dann folglich dadurch gekennzeichnet, daß die Mengen- und Preiserwartungen derer, die die Produktionsentscheidungen treffen, mit den Mengen- und Preiserwartungen derer übereinstimmen, die die Ausgabendispositionen vornehmen, also wirksame Nachfrage nach den Gütern und Leistungen des Sozialprodukts entfalten. Die Bedingung, daß a l l e Pläne und Erwartungen in Erfüllung gehen und k e i n e r seine Pläne zu revidieren braucht, ist viel zu eng, um noch fruchtbar zu sein. Es genügt für unsere Zwecke vielmehr, daß die Überraschungen und die Enttäuschungen sich so zueinander verhalten, daß sich die Wirkungen der resultierenden Planrevisionen auf den Strom des aus der laufenden Produktion fließenden Volkseinkommens gegenseitig neutralisieren. Das ist eine makroökonomische Gleichgewichtsbedingung, die mikroökonomische Ungleichgewichte zuläßt.

Eine notwendige Voraussetzung dieser makroökonomischen Gleichgewichtsbedingung ist, daß der Strom der gewollten (oder geplanten) Ausgaben dem Strom der laufend erstellten Güter und Leistungen bei

---

[1] Ein Nebenweg führt von hier aus zur Cambridge-Gleichung: Unter der Annahme, daß alle gewollten Ausgaben auch Geldausgänge und alle Einkommen auch Geldeingänge sind, ist der Strom der Geldzahlungen für laufend erzeugte Güter (des Sozialprodukts) gleich dem Volkseinkommen. Wenn der Geldbetrag, den die Wirtschaftseinheiten halten wollen, in einem konstanten Verhältnis zu dem Strom ihrer Ausgaben steht, so ist die Höhe des nominellen Volkseinkommens bestimmt durch die vorhandene Geldmenge.

den gegebenen Preisen wertmäßig gleicht. Hinreichend ist diese Voraussetzung allerdings nicht, da die Möglichkeit besteht, daß die mikroökonomischen Ungleichgewichte sich in ihren ökonomischen Folgen für den Strom der künftigen Ausgaben und Einkommen nicht neutralisieren, wenn sie sich arithmetisch gegenseitig aufheben. Es ist wichtig, dies im Auge zu behalten, da das Multiplikatortheorem von der Möglichkeit einer Störung des makroökonomischen Einkommensgleichgewichts durch derartige mikroökonomischen Ungleichgewichte abstrahiert. Die Divergenz zwischen der Wertsumme des Stromes der gewollten Ausgaben und der Wertsumme des Stromes der erstellten Güter und Leistungen bei den gegebenen Preisen ist allerdings praktisch sehr viel bedeutsamer. Ist nämlich der Strom der gewollten Ausgaben wertmäßig größer als der Strom der produzierten Güter und Leistungen, so vollzieht sich der jederzeitige Ausgleich der entsprechenden ex-post-Größen durch.

a) ungewollte Verminderung der Absatzläger, d. h. durch ungewollte negative Ausgaben oder/und

b) Kompression des Volumens der gewollten Ausgaben bzw. Erhöhung des Nominalwerts der erstellten Güter und Leistungen als Folge von Preissteigerungen.

Die Verbesserung der Absatzbedingungen führt normalerweise über gesteigerte Preis- und Mengenerwartungen der Produzenten zu einer Ausdehnung der Produktionspläne und bei nicht völlig unelastischem Faktorenangebot zu einer Produktionsausdehnung. Daß die Preissteigerungen überdies eine Aufblähung des nominellen Volkseinkommens bedeuten, ist offensichtlich.

Wenn umgekehrt der Strom der gewollten Ausgaben bei den gegebenen Preisen wertmäßig kleiner ist als der Strom der laufend produzierten Güter und Leistungen, so wird die jederzeitige ex-post-Gleichheit von Ausgaben und Einkommen hergestellt durch

a) ungewollte Vergrößerung der Absatzläger, d. h. ungewollte Ausgaben oder/und

b) Expansion des Volumens der gewollten Ausgaben bzw. Schrumpfung des Nominalwerts der laufend erstellten Güter und Leistungen als Folge von Preissenkungen.

Die Enttäuschung der Preis- und Absatzerwartungen der Unternehmer führt normalerweise zu einer Beschneidung der Produktionspläne und zu einer Senkung des Realeinkommens, die Preissenkung zu einer darüber hinausgehenden Kontraktion des Nominaleinkommens.

§ 4. Der letzte Schritt von der Tautologie zum Theorem besteht im Einbau einer Verhaltenshypothese. Während die Klassiker im Sinne der Cambridge-Gleichung eine stabil angenommene

Relation zwischen dem Strom der Gesamtausgaben und dem Geldbestand verwenden und damit eine gedankliche Verbindung zwischen dem Geldkreislauf und dem Einkommenskreislauf herstellen, wird in der Multiplikatortheorie zunächst eine gedankliche Spaltung des Stromes der gewollten Gesamtausgaben vorgenommen, und zwar in einen Teilstrom, der in einer Funktionalbeziehung zum Strom der Gesamteinkommen (und damit der Gesamtausgaben) steht, und in einen zweiten Teilstrom, dessen Größe vom Einkommen unabhängig ist.

In die als Gleichgewichtsbedingung interpretierte Identität

$$Y = A \quad \ldots (1)$$

wird eingesetzt die Identität

$$A = C + I \quad \ldots (2)$$

wobei I die unabhängigen, spontanen, autonomen und als gegeben betrachteten Ausgaben

$$I = \overline{I} \quad \ldots (3)$$

und C die einkommensabhängigen Ausgaben sind,

$$C = C(Y) \quad \ldots (4)$$

so daß

$$Y = C(Y) + I \quad \ldots (5)$$

Die Veränderung des Gleichgewichtseinkommens, die aus einer Veränderung von I resultiert, ist bestimmt durch

$$dY = dI + C'(Y) dY$$

oder

$$\frac{dY}{dI} = \frac{1}{1 - C'(Y)} \quad \ldots (6)$$

In Worten: Das Verhältnis zwischen dem Zuwachs des Gleichgewichtseinkommens und dem verursachenden Zuwachs des Stromes der spontanen Ausgaben ist gleich dem reziproken Wert des Unterschiedes zwischen eins und der marginalen Ausgabenquote (der ersten Ableitung der Ausgabenfunktion)[2].

II. Definitionsprobleme

§ 5. Der Multiplikator ist ein Instrument für die gedankliche Klärung bestimmter Probleme, für die Diagnose des tatsächlichen Wirtschaftsablaufs und für die Prognose oder Planung künftiger Wirtschaftsabläufe. Die mit dem Multiplikatorprinzip verbundenen Defini-

---

[2] Dieser aus dem einfachsten Multiplikatorsystem hergeleitete Satz gilt natürlich nur unter den üblichen ceteris-paribus-Bedingungen. Das System kann durch Einbeziehung zusätzlicher Variabler nach verschiedenen Richtungen ausgeweitet werden. So impliziert das einfache Multiplikatorsystem entweder eine völlige Unelastizität der Investitionen gegenüber dem Zinssatz oder ein völlig elastisches Kreditsystem. Hebt man diese Voraussetzungen auf, so ergibt sich der von Erich Schneider („Einführung in die Wirtschaftstheorie III", 2. Aufl., Tübingen 1952, S. 153) dargestellte allgemeinere Multiplikator.

tionsprobleme sind daher in erster Linie Zweckmäßigkeitsfragen. Zunächst soll die Frage nach dem zweckmäßigen Einkommensbegriff und dann die Frage nach der zweckmäßigen Einordnung der Gesamtausgaben in die beiden genannten Gruppen aufgeworfen werden.

§ 6. Je nach der Problemstellung kommen die folgenden Einkommensbegriffe in Frage:

a) Der zweckmäßige Einkommensbegriff für die theoretische Analyse des Problems der Einkommensbildung ist das Netto-Volkseinkommen, das identisch ist mit dem Wert bzw. Volumen jener aus dem Produktionsprozeß hervorgehenden Güter und Leistungen, die für den laufenden Konsum (Wertvernichtung) verwendet werden könnten, ohne daß das reale Volksvermögen eine Verminderung erfahren würde.

b) Der von Keynes für die Klärung des Beschäftigungsproblems als zweckmäßig erachtete Einkommensbegriff ist der des Netto-Volkseinkommens zuzüglich derjenigen Kapitalerhaltungskosten, mit denen die Unternehmer bei Nichtgebrauch der Kapitalanlagen rechnen (Keynes' supplementary cost); dieses Einkommen ist gleich dem Brutto-Volkseinkommen abzüglich der Kosten, die durch den Gebrauch der Anlagen entstehen (Keynes' user cost).

c) Für die Analyse des Problems der Konjunkturschwankungen pflegt man das Brutto-Volkseinkommen zu verwenden, da die gesamten Reinvestitionen und ihre Schwankungen in den Problemkreis einbezogen werden müssen.

d) Das Problem des langfristigen Einkommenswachstums wird in erster Linie mit Hilfe des Begriffs des Netto-Volkseinkommens analysiert, das nach Abzug der Ausgaben der Haushalte für Konsumzwecke identisch ist mit den das Produktionspotential vergrößernden Investitionsausgaben.

Im Zweifel verdient der Begriff des Brutto-Volkseinkommens den Vorzug, und zwar aus drei Gründen:

1. Das Hauptanwendungsgebiet des Multiplikators liegt in der Erklärung und der Prognose kurz- und mittelfristiger Schwankungen des Einkommensstromes und des Beschäftigungsgrades, also etwa im Bereich der Konjunkturforschung, für die die Reinvestitionen ein Problem sind, das nicht herausdefiniert werden darf.

2. Das Brutto-Volkseinkommen eignet sich auch für die Erklärung des Beschäftigungsgrades, vor allem wenn die Trennung von „user cost" und „supplementary cost" praktisch erhebliche Schwierigkeiten bereitet.

3. Das Brutto-Volkseinkommen ist auch am leichtesten meßbar. Es verleiht dem Multiplikatorprinzip damit auch am ehesten die Eigenschaft eines für diagnostische und prognostische Zwecke verwendbaren Werkzeugs.

§ 7. Die analytische, diagnostische und prognostische Brauchbarkeit des Multiplikatorprinzips hängt überdies davon ab, wie der Strom der Gesamtausgaben aufgespalten wird.

a) Für analytische und pädagogische Zwecke ist es unbedingt vorteilhaft, an die gebräuchliche Klassifizierung der privaten Wirtschaftseinheiten in Produktionsunternehmungen und Haushalte anzuknüpfen und den Strom der einkommensabhängigen Ausgaben mit der Haushaltsabsorption zu identifizieren. Dieser Begriff deckt sich nicht mit dem klassischen Begriff des Konsums, der nur die Wertvernichtung den Wertverzehr in den Haushaltungen, umschließt. Ausgaben für dauerhafte Konsumgüter gehören demnach in die Ausgabenfunktion. Alles, was von der Unternehmungssphäre absorbiert wird, fällt dann in den Bereich der spontanen Ausgaben. Dasselbe gilt für die Absorption der öffentlichen Hand.

b) Nichts zwingt jedoch dazu, eine solche Einteilung auch für praktische Zwecke zu akzeptieren. Für die Diagnose und Prognose kommt es vor allem darauf an, daß die Ausgabenfunktion möglichst stabil und möglichst meßbar ist. Ein anderes, leider damit nicht kompatibles Erfordernis besteht darin, daß sie alle vom Einkommen abhängigen Ausgaben enthält, so daß die andere Ausgabengruppe wirklich nur autonom bestimmte Ausgaben umfaßt. Der optimale Kompromiß zwischen beiden Erfordernissen wird von den konkreten Umständen und von dem Umfang der verfügbaren Informationen abhängen. Im einzelnen ist zu entscheiden über die zweckmäßige Einordnung

1. der Haushaltsausgaben für dauerhafte Konsumgüter,
2. der Unternehmungsausgaben für Ersatzinvestitionen,
3. der Unternehmungsausgaben für die gewollte Vergrößerung der Lagerbestände und
4. der aus laufenden Einkommen finanzierten Erweiterungsinvestitionen.

§ 8. Nur die Frage nach der zweckmäßigen Einordnung der Haushaltsausgaben für dauerhafte Konsumgüter sei hier erörtert. Auf sie sind folgende Antworten möglich:

a) Keynes[1] und Kuznets[2] einigten sich darauf, alle Ausgaben der Privat-Haushalte einschließlich der Ausgaben für dauerhafte Konsumgüter in die Gruppe der einkommensabhängigen Ausgaben und alle anderen Ausgaben in die Gruppe der einkommensunabhängigen Aus-

---

[1] J. M. *Keynes*, Fluctuations in Net Investment in the United States. Economic Journal, Vol. 46, Sept. 1936, S. 540 ff.

[2] Simon *Kuznets*, Commodity Flow and Capital Formation in the Recent Recovery and Decline 1932—1938, New York, National Bureau of Economic Research, 1939, Bulletin No. 74 und National Income and its Composition 1919—1938, Vol. I, New York, National Bureau of Economic Research. 1941, S. 285 ff.

gaben einzuordnen. Die Ausgabenfunktion wird dadurch zur Konsumfunktion, wobei unter Konsum die Haushaltsabsorption zu verstehen ist. Keynes glaubt, daß diese Funktion auf einem psychologischen Gesetz beruhe und daher stabil sei.

b) John H. Williams ist offenbar anderer Ansicht, wenn er betont: "The rise of consumer durable goods has been the outstanding economic phenomenon of our times... Between the two wars expenditures on such goods were fully as large as those on capital goods, and their fluctuations fully as great;... As 'outlets for savings' they played as large a rôle, and the same kind of rôle, as new investment;..."[3].

Harold M. Somers[4] kleidet seine Zweifel an der Existenz eines engen Funktionalzusammenhangs zwischen den Ausgaben für dauerhafte Konsumgüter und den laufenden Haushaltseinkommen in die folgenden Worte:

"With the growth of instalment buying there is some reason to believe that expenditures on durable consumers' goods are regarded as capital expenditures to be amortized out of income." Er folgert daraus: "If this is so, the capital sum involved in the purchase of a durable consumers' good should not, perhaps, be regarded as an element to be included in the propensity to consume."

c) Außer diesen in der Literatur zum Ausdruck gebrachten Standpunkten können die folgenden Überlegungen zur Diskussion gestellt werden:

Wenn wir davon ausgehen, daß die pädagogische und analytische Bedeutung des Multiplikatortheorems weitgehend anerkannt, aber die diagnostische und prognostische Brauchbarkeit umstritten ist, wird die Stabilität der Ausgabenfunktion, auf der die praktische Brauchbarkeit des Theorems beruht, zum Zentralproblem. Die Stabilität einer auf dem laufenden Einkommen als einziger unabhängiger Variabler basierenden Ausgabenfunktion ist offensichtlich um so größer, je stärker der Ausgabenbegriff auf die vom laufenden Einkommen, und zwar auschließlich auf die von ihm abhängigen Ausgaben begrenzt ist. Durch die Einbeziehung der dauerhaften Konsumgüter wird die Stabilität einer solchen Ausgabenfunktion in zweifacher Weise beeinträchtigt:

1. Beim Neuerwerb der meisten dauerhaften Güter (wie z. B. Möbel und moderne Hausratgegenstände, Privathäuser und Privatverkehrsmittel) spielen neben dem Einkommen andere Faktoren eine wesentliche Rolle (die Situation auf den entsprechenden Gebrauchtwarenmärkten, die Preisrelationen, die Kreditfacilitäten, die Struktur der

---

[3] John H. *Williams*, An Appraisal of Keynesian Economics, American Economic Review 1948, Supplement, S. 281 ff.

[4] Harold M. *Somers*, Public Finance and National Income, Philadelphia, Toronto, 1949, S. 46 ff.

Steuerbelastung, der technische Fortschritt), Faktoren, die sich als Folge von Einkommensänderungen und auch unabhängig davon verändern können und dann unter Umständen eine nicht unerhebliche Wandlung der Funktionalbeziehung zwischen den Einkommen und den Ausgaben für derartige Güter zu bewirken vermögen.

2. Beim Erwerb dauerhafter Güter ist aller Wahrscheinlichkeit nach das erwartete Einkommen nicht minder bedeutsam als das laufende Einkommen, vor allem wenn in hinreichendem Maße entsprechende Kreditfacilitäten bestehen und gern in Anspruch genommen werden.

Während der destabilisierende Einfluß anderer Faktoren als das Einkommen möglicherweise durch Einbeziehung entsprechender unabhängiger Variabler in die Ausgabenfunktion ausgeschaltet werden kann, worüber noch zu sprechen sein wird, stellt das Erwartungsproblem beim gegenwärtigen Stand der Forschung eine praktisch kaum lösbare Schwierigkeit dar. Sie wird nicht dadurch überwunden, daß wir den Erwartungsbegriff präzisieren, formalisieren und in Symbolform in unser theoretisches Gleichungssystem einbeziehen. Der Begriff der Erwartungen, in welcher Form er auch immer präsentiert wird, ist für die angewandte Multiplikatortheorie bestenfalls ein merktechnisches Mittel, das uns an eine Lücke in unserem Wissen erinnert und dazu veranlaßt, entweder unsere Nachbardisziplinen der Soziologie und Sozialpsychologie oder unsere Intuition zu Hilfe zu rufen. Kurz: der Erwartungsbegriff ist eine Frage und keine Antwort; eine Ausgabenfunktion, die das Erwartungsproblem durch Einbeziehung der dauerhaften Güter enthält, ist so lange indeterminiert, wie die Erwartungsvariable nicht durch andere Variable aus dem Bereich der Fakten bestimmt und substituiert ist. So lange die empirische Erwartungsforschung nicht zu greifbaren Ergebnissen gelangt ist, erscheint das Multiplikatortheorem praktisch nur brauchbar, wenn wir die Ausgabenfunktion auf diejenigen Güter und Leistungen begrenzen, bei deren Erwerb dem Erwartungsphänomen keine substantielle Bedeutung zukommt.

Der Einfluß der Erwartungen ist vermutlich ceteris paribus um so größer,

a) je seltener eine bestimmte Ausgabe getätigt wird, d. h. je dauerhafter das betreffende Gut ist,

b) je größer bei gegebenem Einkommen die Ausgabe oder je niedriger bei gegebener Größe des Ausgabenprojektes das laufende Einkommen ist, d. h. je mehr die Ausgabe aus liquiden Ersparnissen oder (im Wege der Kreditaufnahme) aus künftigem Einkommen finanziert werden muß,

c) je mehr der Person, die vor einer Ausgabenentscheidung steht, spekulative Erwägungen geläufig sind.

Die Dauerhaftigkeit der Güter, das Größenverhältnis zwischen Ausgabenprojekt und laufenden Einkommen und die Spekulationsfreudigkeit derer, die die Ausgabenentscheidung treffen, sind drei verschiedene Kriterien, die nach Möglichkeit zu einem einzigen praktisch brauchbaren Merkmal verschmolzen werden müssen. Wir dürften nicht sehr fehlgehen, wenn wir den Kreis der Ausgaben, bei denen das Element der Erwartungen ignoriert werden kann, so begrenzen, daß er sich mit jenem Rahmen deckt, der im Familienhaushalt der Entscheidungsfreiheit der wirtschaftenden Hausfrau durch das sog. Haushaltsgeld gesteckt zu werden pflegt. Dieser Rahmen steht aller Wahrscheinlichkeit nach in einem Funktionalzusammenhang zum laufenden verfügbaren Einkommen, schließt den Kreditkauf und den Erwerb dauerhafter Güter in der Regel aus und umfaßt jene Ausgaben, bei denen Routine, Tradition und Konvention dominieren.

Mit welchen Gütern dieser Ausgabenbereich im einzelnen identifizierbar ist, kann nur durch empirische Haushaltsstudien festgestellt werden. Das vorgeschlagene familiensoziologisch fundierte Kriterium dürfte weitgehend den Intentionen von Keynes entsprechen, der für die Konsumentscheidungen ein psychologisches (vielleicht besser soziologisches) Gesetz annimmt und bei den Investitionsentscheidungen den Erwartungsfaktor in den Mittelpunkt stellt. Nur am Rande sei vermerkt, daß eine ähnliche familiensoziologische Interpretation auch den Widerspruch beseitigt, der darin besteht, daß Keynes bei den Lohnempfängern eine Geldillusion unterstellt, während er bei den Konsumenten, d. h. den Erwerbern von Konsumgütern, eine illusionsfreie Verhaltensweise annimmt.

§ 9. Verengt man den Bereich der einkommensabhängigen Ausgaben im vorgeschlagenen Sinne, so gewinnt der Multiplikator die gewünschte Stabilität, aber durch die entsprechende Ausweitung des Begriffes der einkommensunabhängigen Ausgaben wird möglicherweise sein Aussagewert derart vermindert, daß seine praktische Brauchbarkeit für bestimmte Problemstellungen u. U. gleichermaßen in Frage gestellt wird. Dies wird deutlich, wenn wir uns vor Augen halten, daß die Multiplikatortheorie neben einer stabilen Ausgabenfunktion auch voraussetzt, daß alle nicht in der Ausgabenfunktion berücksichtigten Ausgaben völlig unabhängig vom Einkommen und von anderen Variablen des interdependenten ökonomischen Systems sind. Die einkommensunabhängigen Ausgaben müssen streng genommen exogen bestimmt sein. In dem Maße, in dem sie es in der Wirklichkeit nicht sind, müssen wir den Strom der als einkommensunabhängig aufgefaßten Ausgaben entsprechend korrigieren. Wenn z. B. eine Vergrößerung des Stromes der Staatsausgaben eine gleichzeitige Verminderung des Stromes der privaten Investitionen zur Folge hat, so ist diese negative Wirkung als eine zweite autonome Datenänderung zu berücksichtigen. Eine positive Beeinflussung anderer im Rahmen der Multiplikatortheorie als autonom behandelter Ausgaben ist als eine zusätzliche autonome Vergrößerung des einkommensunabhängigen Ausgabenstromes zu behandeln. Auch wenn die vom Multiplikatorprinzip vorausgesetzte Gleichgewichtssituation nicht gegeben ist und sich das System im Zeitpunkt der Veränderung des Stromes der einkommensunabhängigen Ausgaben in einem Expansions- oder Kontraktionsprozeß befindet, so ist diese Abweichung von den Annahmen des Multiplikatorprinzips durch eine entsprechende Korrektur des einkommensunabhängigen Ausgabenstroms, d. h. als eine vom Standpunkt des Prinzips exogene Datenänderung, zu berücksichtigen. Praktisch bedeutet dies, daß man den künftigen Strom der „autonomen" Ausgaben im Zeitablauf abschätzen und als Datum für das Multiplikatortheorem festlegen muß. Sobald man hierbei zu der Erkenntnis gelangt, daß der künftige autonome Ausgabenstrom nicht konstant ist, sondern wächst, schrumpft oder schwankt, muß man sich der von Machlup[5] entwickelten periodenanalytischen Form des Multiplikatortheorems bedienen und den Multiplikatorprozeß im Zeitablauf verfolgen.

§ 10. In einer solchen dynamischen Analyse kann man leicht auch die Tatsache berücksichtigen, daß eine ganze Reihe zunächst als einkommensunabhängig aufgefaßter Ausgaben durch Einkommensänderungen beeinflußt werden. Für die Multiplikatortheorie bedeutet dies die Aufgabe des ursprünglichen Prinzips der Zweiteilung des Ausgabenstromes zugunsten der Möglichkeit, eine unbegrenzte Anzahl von Ausgabenkategorien zu bilden und verschiedene Funktionalbeziehungen zwischen Einkommens- und Ausgabenänderungen anzunehmen. Der Einbau des Akzelerationsprinzips in die Multiplikatortheorie ist hierfür ein Beispiel. Im Zuge der Annäherung an die Wirklichkeit kann man die heterogene Ausgabengruppe der Investitionen in eine beliebige Anzahl homogener Untergruppen aufgliedern (z. B. in Anlage- und Lagerhaltungsinvestitionen einerseits und in die Investitionen verschiedener Produktionszweige und Produktionsstufen andererseits) und verschiedene Investitionsfunktionen (einschl. der Akzeleratoren) und verschiedene Reaktionszeiten (lags) zugrunde legen. Als unabhängige Variable solcher Investitionsfunktionen können auch andere im System berücksichtigte Ausgabenarten (einschl. der autonomen Ausgaben) dienen, so daß die volle Interdependenz der Ausgabenströme im Modell expliziert werden kann. Auch Änderungen der öffentlichen

---

[5] Fritz *Machlup*, Period Analysis and Multiplier Theory. Quarterly Journal of Economics. Vol. LIV (1939), S. 1—27, nachgedruckt in „Readings in Business Cycle Theory", Philadelphia, Toronto 1949, S. 214.

Steuereinnahmen lassen sich in ihren Wirkungen auf das Volkseinkommen darstellen, sofern man nur die um die Steuerbeträge verminderten Einkommen den Ausgabenfunktionen zugrunde legt. Eine weitere Generalisierung des Multiplikatortheorems stellt der Einbau des Zinsmechanismus dar. Bei begrenzt elastischem Kreditsystem und begrenzter Zinselastizität der Liquiditätsvorliebe steigt mit zunehmendem Volkseinkommen im Zuge des Multiplikatorprozesses das Zinsniveau und dämpft über die Zinselastizität der Investitionen den Prozeß der Einkommenssteigerung. Desgleichen kann die Einkommenswirkung einer autonomen Änderung des Zinsniveaus oder einer Verschiebung der Kurven der Liquiditätsvorliebe oder der Grenzleistungsfähigkeit der Investitionen mit Hilfe des Multiplikatortheorems analysiert werden. Das Multiplikatorprinzip wird mit all diesen in der theoretischen Literatur bereits durchgeführten Erweiterungen in eine allgemeinere statische oder dynamische Theorie der Einkommensbildung umgewandelt. Mit der Genugtuung darüber, daß hierin wieder einmal die prinzipielle Einheitlichkeit aller Wirtschaftstheorie zum Ausdruck kommt, verbindet sich nur die Frage, wann man zweckmäßigerweise aufhören sollte, ein so generalisiertes Modell noch mit dem Multiplikatorbegriff zu bezeichnen.

§ 11. Eine solche Frage mag müßig erscheinen, aber aus Gründen der begrifflichen Sauberkeit und zur Vermeidung von Mißverständnissen sind einige terminologische Klarstellungen wohl am Platze. Vom Multiplikator sollte man m. E. nur sprechen, wenn damit zum Ausdruck gebracht werden soll, daß die direkte und indirekte Einkommenswirkung einer autonomen Änderung des Ausgabenstromes ein bestimmtes durch die Größe der marginalen Ausgabenquote determiniertes Vielfaches der originären Ausgabenänderung ist. Der Multiplikator stellt also eine zahlenmäßige Beziehung zwischen einer Ursache im Bereich der einkommensunabhängigen Ausgaben und einer Wirkung im Bereich des Einkommensstromes her. Je nach der Art der Ursache wird man zweckmäßigerweise zwischen dem Multiplikator eines einmaligen (zusätzlichen) Ausgabenimpulses und eines (zusätzlichen) konstanten oder variierenden Augabenstromes unterscheiden. Der Multiplikator eines zusätzlichen Ausgabenimpulses ist nur dann gleich dem reziproken Wert der Differenz zwischen eins und der marginalen Ausgabenquote, wenn die Summe der abnehmenden unendlichen Reihe zusätzlich geschaffener Einkommen, also die Gesamtwirkung innerhalb eines theoretisch unendlichen Zeitraumes, zur Ursache in Beziehung gesetzt wird. Betrachtet man nur die Wirkung innerhalb eines begrenzten Zeitraumes, so ist der Multiplikator kleiner. Analog ist der Multiplikator eines zusätzlichen konstanten Ausgabenstromes nur dann gleich dem reziproken Wert der Differenz zwischen eins und der marginalen Ausgabenquote, wenn man als Einkommenswirkung die Differenz zwischen dem sich nach einer (theoretisch) unendlichen Zeit einstellenden neuen Gleichgewichtseinkommen und dem Gleichgewichtseinkommen vor der Ausgabenerhöhung begreift. Die prozentuale Differenz zwischen dem Multiplikatorwert am Ende eines praktisch relevanten Zeitraumes von — sagen wir — ein oder zwei Jahren und dem Multiplikatorendwert ist, ceteris paribus, um so kleiner, je kleiner die marginale Ausgabenquote und damit der Multiplikatorendwert ist. Da der Multiplikator im Ablaufe seiner Wirkungszeit zunimmt und sich asymptotisch dem reziproken Wert der Differenz zwischen eins und der marginalen Ausgabenquote als seinem Endwert nähert, mag es angebracht erscheinen, begrifflich zwischen den Multiplikator-Endwerten und Multiplikator-Zeitwerten zu unterscheiden und bei der Kennzeichnung der letzteren auch die Länge der zugrunde liegenden Wirkungszeit anzugeben.

§ 12. Ein weiteres Problem, das Anlaß zu einer begrifflichen Unterscheidung zwischen verschiedenen Multiplikatortypen gibt, ist die Wahl der Maßeinheit. Werden die zusätzlichen Ausgaben und Einkommen in Lohneinheiten oder Einheiten eines stabilen Geldwertes ausgedrückt, so handelt es sich um einen Realeinkommensmultiplikator. Andererseits wird man zweckmäßigerweise von einem Nominaleinkommensmultiplikator sprechen, wenn die relevanten Größen zu jeweiligen Preisen gemessen und Geldwertschwankungen nicht ausgeschaltet sind. Eine Variante des Realeinkommensmultiplikators ist der Beschäftigungsmultiplikator, der die Gesamtbeschäftigungswirkung zu der primären Beschäftigungswirkung einer Ausgabenerhöhung in Beziehung setzt. Die Wahl der Maßeinheit hat einen Einfluß auf die Stabilität der Ausgabenfunktion und wirft damit ein hier zu erörterndes Problem auf. Wenn man das klassische Homogenitätspostulat akzeptiert, das eine Geldillusion der Einkommensbezieher ausschließt, muß man den realen Multiplikatoren eine größere Stabilität zusprechen als den ihnen entsprechenden nominellen Multiplikatoren. Keynes mißt die relevanten Größen in Lohneinheiten. Sein Realeinkommens- und Beschäftigungsmultiplikator ist daher unabhängig von Änderungen des Preisniveaus und der Grenzproduktivität der Arbeit. Wie alle realen Multiplikatoren wirkt er nur bis zur Erreichung der Vollbeschäftigung und im Verlauf des wirtschaftlichen Wachstums. Wenn man die Veränderung des Nominaleinkommens im Zuge der Annäherung an die Vollbeschäftigung und auch in der Inflation erklären will, so muß man sich Colin Clark anschließen und die Größen der Ausgabenfunktion zu jeweiligen Preisen messen. Die Nominaleinkommens-Multiplikatoren haben aber den Nachteil, nur dann stabil zu sein, wenn die dem klassischen Homogenitätspostulat widersprechende Geldillusion gegeben ist. Inflationserfahrene Völker dürften von dieser Illusion ziemlich frei sein. Die Wahl einer monetären Maßeinheit und die Anwendung des Multiplikators auf den Inflationsfall machen ihn noch nicht zu einem Instrument der Geldtheorie. Wir haben den Multiplikator bewußt aus dem Einkommenskreislauf entwickelt und Ausgaben als Erwerb von Gütern und Leistungen des laufend produzierten Sozialprodukts, nicht aber als Geldzahlungen, definiert. Die meisten Autoren jedoch verwischen die Unterscheidung zwischen dem Einkommenskreislauf und dem Geldkreislauf[6] und identifizieren den Multiplikatorprozeß mit einer Ausdehnung des Stromes der Geldzahlungen für den Erwerb laufend erzeugter Güter und Dienste des Sozialprodukts. Diese Identifizierung setzt streng genommen voraus, daß alle Einkommen gleichzeitig auch Geldeingänge sind und alle Ausgaben auch Geldausgaben. Wir werden bei der Erörterung der Multiplikatorperiode gleich noch sehen, daß diese Gleichsetzung nicht ganz ungefährlich ist. Es gibt **Einkommen, die noch keine Geldeingänge sind**: Kapitalgewinne einschließlich erhöhter Wertpapierkurse, Unternehmungsgewinne, soweit sie sich in erhöhten Fertigwarenbeständen niederschlagen, unausgeschüttete Dividenden, und es gibt **Ausgaben, die noch keine Geldauszahlungen sind**: z. B. Käufe auf Lieferantenkredit.

III. Die Multiplikatorperiode

§ 13. Die Frage, wie groß die Multiplikatorwirkung innerhalb eines gegebenen Zeitraumes ist oder in welchem Zeitraum der Multiplikator 80 % oder 90 % seiner vollen Wirkung erreicht, kann nur mit der Hilfskonstruktion der Multiplikatorperiode beantwortet werden. Die erste Multiplikatorperiode ist die Zeit zwischen (a) der Entstehung der ersten zusätzlichen Einkommen auf Grund der zusätzlichen autonomen Ausgaben und (b) der Entstehung der sekundären zusätzlichen Einkommen als Folge der Vermehrung der einkommensabhängigen Ausgaben, die aus der primären Einkommenserhöhung resultiert. Die zweite Multiplikatorperiode ist dann das Zeitintervall zwischen der sekundären und der tertiären Einkommenserhöhung.

Der fiktive Charakter derartiger Einkommensperioden ist leicht einzusehen, wenn man den Weg eines einzigen Impulses durch den Kreislauf gedanklich verfolgt und dabei realistische Voraussetzungen macht. Der Impuls zersplittert sich nämlich sehr schnell. Daß einzelne Teile nicht wieder zu Ausgaben werden und, wie man sagt, versickern, ist hier irrelevant. Wichtig ist vielmehr, daß bei einer Aufsplitterung einzelne Teile schneller durch den Kreislauf wandern können als an-

---

[6] Erwähnenswerte Ausnahmen sind *Ohlin*, *Schneider* und *Boulding*.

dere und folglich innerhalb einer Kalenderperiode entsprechend häufiger zu Einkommen werden. Dies bedeutet, daß die Multiplikatorperioden der verschiedenen Ausgabenteilchen verschieden lang sein können und daß wir von „der" Multiplikatorperiode nur im Sinne einer makroökonomischen Durchschnittsgröße sprechen dürfen.

§ 14. Die von Machlup[1] u. a. versuchte Bestimmung der Multiplikatorperiode mit Hilfe der marginalen Einkommens-Umlaufsgeschwindigkeit des aktiven Geldes, die aus der schätzbaren durchschnittlichen Einkommens-Umlaufgeschwindigkeit abgeleitet wird, basiert auf der stillschweigenden Annahme, daß der Prozeß der Einkommensexpansion vom Geldkreislauf her begrenzt wird. Das wird aus Machlups primitivem Beispiel klar, das wie folgt wiedergegeben werden kann: Die durch eine zusätzliche autonome Investition zusätzlich eingestellten Arbeiter geben einen Teil ihres zusätzlichen Einkommens zum Kauf von Schuhen aus. Das zusätzliche Geld wandert zum Einzelhändler, von dort zum Großhändler und schließlich zusammen mit einem gegenüber früher vergrößerten Auftrag zum Schuhfabrikanten, der dann seine Produktion ausweitet, indem er zusätzliche Arbeitskräfte einstellt, die dieses zusätzliche Geld in Form von Einkommenszahlungen erhalten. „Business is not ordinarily done this way", bemerkt Gardner Ackley hierzu[2]. Denn in der Regel erfolgen die Bezahlungen nicht mit der Auftragserteilung sondern erst einige Zeit nach der Lieferung. Der Geldstrom eilt weder dem Güterstrom voraus, noch ist er mit ihm synchronisiert, sondern er pflegt ihm in der Regel zu folgen. Der Prozeß der Einkommenspropagation ist daher nicht durch die Umlaufsgeschwindigkeit des neuen Geldes limitiert. Er kann schneller erfolgen, wenn das Kreditsystem nicht völlig unelastisch ist und die Produktionsausdehnung mit Wechselkrediten oder durch Auflösung von Horten finanziert wird, er kann aber auch wesentlich langsamer vor sich gehen, wie wir noch sehen werden, wenn die Lagerbestände entweder zu niedrig oder zu hoch sind oder andere reale Engpässe

---

[1] *Machlup* bestimmt die Multiplikatorperiode aus der Einkommens-Umlaufsgeschwindigkeit des aktiven Geldes. Er schätzt, daß 50—60 % aller liquiden Bestände inaktives Geld mit einer Umlaufsgeschwindigkeit von null sind, so daß bei einer Einkommens-Umlaufsgeschwindigkeit der gesamten Geldmenge von 1,6—2,0 pro Jahr die Einkommens-Umlaufsgeschwindigkeit des aktiven Geldes etwa auf 4,0 pro Jahr zu veranschlagen sei. Die Einkommens-Ausbreitungsperiode betrüge dann 3 Monate. Die für den Multiplikatorprozeß relevante m a r g i n a l e Einkommens-Ausbreitungsperiode sei vermutlich etwas kürzer. Vgl. F. *Machlup*, Period Analysis and Multiplier Theory, Readings a. a. O., S. 214.

[2] Gardner *Ackley*, The Multiplier Time Period, American Economic Review 1951, S. 350 ff. — Ackley bemerkt hierzu treffend: „Dismissal of these other means of financing as ‚induced dishoarding' seems to involve the questionbegging definition of active money that assumes its velocity constant in order to define it." Vgl. oben S. 355.

die Produktions- und Einkommenssteigerung begrenzen. Machlup konzediert diese Möglichkeiten indirekt, wenn er schreibt: "Through the medium of induced dishoarding on the part of business firms the actual propagation of incomes may be much faster than that which is possible on the basis of the circuit flow of money[3]." Die Verlängerung der Multiplikatorperiode durch reale „Engpässe" würde dann durch induziertes Horten erklärt werden, was offensichtlich nicht ins Schwarze trifft. Machlups weitere Folgerung, daß eine Zunahme von Vermögenstransaktionen und von intermediären Umsätzen die Multiplikatorperiode verlängere und eine Mehrverwendung von Geldsurrogaten sie vermindere, basiert ebenfalls auf der stillschweigenden Annahme, daß die Veränderung des Geldstromes die Veränderung des Güter- und Einkommensstromes determiniere und nicht umgekehrt.

§ 15. Richtet man das Augenmerk nicht auf den Geldkreislauf sondern auf den Einkommenskreislauf, so stößt man auf die drei von Lloyd Metzler[4] unterschiedenen "lags":

a) Das Zeitintervall zwischen der Auszahlung eines zusätzlichen Einkommens an die Haushalte und der Verausgabung dieses Einkommens. Wir wollen dieses von D. H. Robertson in der Diskussion über Ersparnisse und Investitionen betonte Zeitintervall der Kürze halber den Robertson-lag nennen.

b) Das Zeitintervall zwischen der Zunahme der Verkäufe und der Zunahme der Produktion ist der zweite lag. Da Erik Lundberg seine dynamischen Modelle auf diesem Produktions-lag aufbaut, wird er gelegentlich auch als Lundberg-lag bezeichnet.

c) Der dritte lag ist das Intervall zwischen der Entstehung des zusätzlichen Einkommens und seiner Auszahlung.

§ 16. Der Robertson-lag ist nach den Untersuchungen Metzlers für die Vereinigten Staaten, sofern er überhaupt existiert, wesentlich kürzer als drei Monate, oder er gilt nur für einen kleinen Teil des Gesamtkonsums, da er bei Verwendung vierteljährlicher Daten für Einkommenszahlungen und Konsumausgaben nicht feststellbar ist. Das überrascht nicht, wenn man bedenkt, daß er selbst dann, wenn die Ausgaben ausschließlich aus den in Geld verfügbaren Einkommen getätigt werden, nicht wesentlich größer sein dürfte als die Hälfte des gewogenen Durchschnitts der Einkommenszahlungsperioden[5]. Selbst wenn man den Haushalten noch einen Reaktions-lag zubilligt, wird man kaum die Auffassung vertreten können, daß der Robertson-lag wesentlich länger ist als — sagen wir — ein Monat. Shackle unterstellt offen-

---
[3] *Machlup*, a. a. O. („Readings ...") S. 215.
[4] Lloyd A. *Metzler*, Three Lags in the Circular Flow of Income, in „Income, Employment and Public Policy. Essays in Honor of Alvin H. Hansen", New York 1948, S. 11 ff.
[5] Ralph *Turvey*, The Multiplier, Economica N. S. November 1948, S. 266.

bar sehr reagible und spekulationsfreudige Konsumenten und ist daher geneigt, dem Robertson-lag ein negatives Vorzeichen zu geben, wenn er schreibt: "For a man who has been unemployed and is reengaged on a Monday will not wait until Saturday before he increases his consumption[6]." Eine solche Reaktion ist natürlich möglich, aber ob sie wahrscheinlich ist, hängt vor allem von den Kreditmöglichkeiten und vom Grad der bisherigen Verschuldung der Konsumenten ab. Unter Shackles Voraussetzungen und unter der Annahme vollkommener Voraussicht ist der Robertson-lag plus dem dritten lag, dem Zeitintervall zwischen der Entstehung und der Auszahlung des zusätzlichen Einkommens, null.

§ 17. Es erscheint zweckmäßig, den dritten lag vorwegzubehandeln. Er ist hauptsächlich für die Dividenden-Einkommen und die Einkommen der Unternehmerhaushalte relevant. Wegen fehlender statistischer Unterlagen gelangt Metzler zu keiner Aussage über die Länge des Zeitintervalls zwischen der Entstehung der Gewinne der Personalunternehmungen und ihrer Verteilung an die Unternehmerhaushalte. Der Dividenden-lag, der zweifellos vorhanden ist, wird in seiner Bedeutung dadurch wesentlich gemindert, daß die Kapitalgesellschaften die Dividenden weitgehend stabilisieren, d. h. eine sehr hohe marginale Spareigung haben.

§ 18. Der Lundberg-lag zwischen der Zunahme der Verkäufe und der Zunahme der Produktion ist ohne Zweifel der bedeutendste für die Bestimmung der Multiplikatorperiode. Er umfaßt nach den Überlegungen Gardner Ackleys[7] folgende Teil-lags:

1. Die Zeit, die verstreicht, bis die Verkäufer auf jeder Stufe merken, daß ihr Absatzstrom im Vergleich zum Beschaffungs- oder Produktionsstrom zugenommen hat. Diese Reaktions-lags der einzelnen Stufen sind zu addieren.

2. Die Zeit bis zur nächsten Auftragserteilung einschließlich der Zeit, die die Übermittlung der Bestellungen an die vorgeschaltete Stufe erfordert. Auch diese auf jeder Stufe eintretenden Verzögerungen sind zu addieren.

3. Den Produktions-Anpassungs-lag, d. h. die Zeit, die auf den einzelnen Produktionsstufen notwendig ist, um neue Arbeiter anzuwerben und eventuell anzulernen und stillgelegte Maschinen in Betrieb zu nehmen.

Aus der Natur der Problemstellung ergibt sich bereits die Vermutung, daß der Lundberg-lag von Fall zu Fall eine recht unterschiedliche Länge annehmen kann, je nachdem, wie schnell die Einzelhänd-

---

[6] G. L. *Shackle*, Twenty Years on: A Survey of the Theory of the Multiplier, Economic Journal, Juni 1951, S. 255/6.
[7] Gardner *Ackley*, a. a. O., S. 357.

ler und Großhändler und die Produzenten auf den einzelnen Stufen die Nachfrageänderung bemerken, wie schnell sie darauf reagieren wollen und wie schnell sie darauf reagieren können.

Der Lundberg-lag ist um so länger,

1. je größer die Anzahl der Produktionsstufen und je länger die Produktionsperiode der Güter ist,

2. je geringer der Grad der Markttransparenz ist,

3. je weniger die Unternehmer auf den einzelnen Stufen geneigt sind, die Nachfragesteigerung für dauerhaft zu halten und je mehr sie deshalb zögern, ihre Produktions- und Einkaufsdispositionen an die Nachfrageänderungen anzupassen,

4. je mehr die Produktionsausdehnung durch Finanzierungsschwierigkeiten gehemmt wird, deren Überwindung Zeit beansprucht,

5. je mehr die kapazitätsmäßigen Voraussetzungen einer Produktionsausdehnung fehlen und erst durch Investitionen mit entsprechender Ausreifungszeit geschaffen werden müssen.

Interessant ist, daß fast jeder dieser Faktoren in der Literatur schon einmal als der bestimmende Faktor herausgestellt worden ist, wobei nicht immer berücksichtigt wurde, daß auch die anderen Faktoren limitierend wirken können.

ad 1. Goodwin stellt es offenbar auf den ersten Faktor der Produktionsstufen und der Produktionsperiode der Güter ab und vernachlässigt die anderen Faktoren, wenn er schreibt: "If an increase in sales is immediately matched by production started, there will be, nonetheless, a lag in the rate of earning of income behind sales. Under ordinary circumstances the lag will be to a good approximation one-half the fabrication time...[8]" Voraussetzung dafür ist neben der unterstellten sofortigen Reaktion der Unternehmer, daß auf den einzelnen Produktionsstufen keine übermäßigen Läger an Ausgangsmaterialien vorhanden sind, so daß die Produktion auf jeder Stufe erst ausgedehnt werden kann, wenn die zusätzlichen Ausgangsmaterialien von der vorhergehenden Stufe geliefert worden sind.

ad 2. und 3. Sind reichliche Läger vorhanden und lassen sich auch die finanziellen Voraussetzungen der Produktionssteigerung durch Akte der Kreditschöpfung im Nu herstellen, so hat Shackle recht, wenn er den zweiten und dritten Faktor als den Engpaß ansieht, indem er schreibt: "The pace at which the multiplier can run through the terms of the infinite series depends ultimately on the speed with which k n o w l e d g e or b e l i e f can be created and propagated[9]."

---

[8] Richard M. *Goodwin*, The Multiplier. In „The New Economics. Keynes' Influence on Theory and Public Policy" ed. by Seymour E. Harris, London 1947, Chapter XXXVI, S. 488.

[9] *Shackle*, a. a. O., S. 256.

ad 4. Für Machlup treten der Lagerengpaß und der psychologische Verzögerungsfaktor gegenüber dem Finanzierungsfaktor zurück, wenn er den Multiplikatorprozeß mit dem Prozeß der Ausbreitung der zusätzlich injizierten Zahlungsmittel identifiziert und induzierte Enthortungen bewußt außer Betracht läßt. Der Machlup-Fall ist somit das Gegenstück zum Goodwin-Fall. Während bei Goodwin impliziert ist, daß die Produktionsausdehnung von den Anfangsstufen zu den Endstufen der Produktion fortschreitet, vollzieht sich der Prozeß bei Machlup von den Endstufen in Richtung auf die Anfangsstufen.

ad 5. Es ist Ackleys Verdienst, darauf hingewiesen zu haben, daß auch Engpässe in der Struktur der Produktionskapazitäten und in der Struktur des Arbeitskräftepotentials den Prozeß der Produktionsausdehnung hemmen können. Dies gilt vor allem, wenn im Vergleich zu früheren Expansionsprozessen Veränderungen in den Konsumgewohnheiten z. B. durch güterschöpfenden technischen Fortschritt eingetreten sind oder in einer dazwischenliegenden längeren Depression Ersatzinvestitionen in erheblichem Maße unterblieben sind. Die Beseitigung derartiger Engpässe ist mit Investitionen verbunden, bei denen, wie wir wissen, der psychologische Erwartungsfaktor eine wesentliche Rolle spielt. Hier tritt also Shackles Gesichtspunkt wieder in den Vordergrund. Ackley betont sehr richtig, daß eine Theorie der Einkommensflexibilität nicht ohne eine gründliche Analyse der Engpässe und ihrer Beseitigung auskommen kann. Das bedeutet nichts anderes als eine Aufgabe des von R. F. Kahn eingeführten Begriffes der kurzfristigen Gesamtangebotskurve, dessen methodische und theoriengeschichtliche Bedeutung damit natürlich nicht herabgesetzt werden soll.

§ 19. Es ist in diesem Zusammenhang zu beachten, daß sich die Erörterung des Lundberg-lags auf den Realeinkommens-Multiplikator bezieht. Für Nominaleinkommens-Multiplikatoren sind diese Überlegungen zu modifizieren. Wenn z. B. nirgendwo übermäßige Läger vorhanden sind, so führt die induzierte Ausgabensteigerung zunächst zu einer Preissteigerungswelle, die sich in Richtung auf die Anfangsstufen der Produktion fortpflanzt und durch eine gegenläufige Preissenkungswelle abgelöst wird, die mit dem Strom der zusätzlichen Güter von den Anfangsstufen in Richtung auf die Endstufen einhergeht. Ähnliche „windfall profits" treten an den Engpässen in der volkswirtschaftlichen Kapazitätsstruktur auf. Sie verschwinden natürlich nicht so schnell, weil die Beseitigung dieser Engpässe mehr Zeit erfordert.

§ 20. Ein besonderes Problem ist das des ermöglichten Lagerabbaus. Wenn der Multiplikatorprozeß beginnt, bevor die Läger an ein gesunkenes Volkseinkommen angepaßt sind, so ist es nicht unwahrscheinlich, daß die ersten zusätzlichen Ausgaben aus den zusätzlichen Einkommen nur zu einer Verminderung der Verkaufsläger führen und zusätzliche Aufträge erst nach langem Zögern weitergegeben werden. Es empfiehlt sich jedoch, diesen Vorgang nicht als eine Verzögerung der Multiplikatorperiode sondern als eine temporäre Reduktion der marginalen Ausgabenquote und damit des Multiplikators aufzufassen, da er durch die Existenz eines Ungleichgewichts im Ausgangszustand bedingt ist. Zu fragen ist nur, in welchem Maße die ermöglichte Lagerverminderung als Bildung eines zusätzlichen Einkommens auf der betreffenden Stufe aufzufassen ist, wenn andernfalls Verluste eingetreten wären.

§ 21. Wenn wir zum Schluß dieses Abschnitts die Frage aufwerfen, was wir nun eigentlich über die Länge der Multiplikatorperiode wissen, so können wir nur bescheiden feststellen: Wir wissen ungefähr, worauf es ankommt, aber wir sind noch nicht in der Lage, eine konkrete, quantitative Antwort zu geben. Vor allem benötigen wir mehr Informationen über die Höhe der Lagerbestände, über die Struktur der Anlagekapazitäten und über die unternehmerischen Verhaltensweisen in verschiedenen Situationen. Wenn man sich darüber klar ist, wie stark die prognostische Brauchbarkeit des Multiplikators davon abhängt, ob es im konkreten Fall gelingt, die Multiplikatorperiode mit hinreichender Genauigkeit vorauszubestimmen, wird man sich nur mit einem Gefühl des Bedauerns der entmutigenden Schlußfolgerung Ackleys anschließen können, der nach einer Betrachtung der mit der Lagerhaltungspolitik verbundenen Schwierigkeiten feststellt: "... in the present state of our knowledge, it may be appropriate .... to recognise that the forces which relate income change to inventory change are so complicated and variable that we cannot include them in our model. ... This latter choice ... almost requires that we abandon any attempt at realistic analysis of the multiplier time period[10]."

Wenn Shackle die ungelösten Probleme der Multiplikatorperiode in den Begriff der Erwartungen hineinpackt, so bringt er uns keinen Schritt weiter, sofern es uns nicht gelingt, die Erwartungen auf Fakten zurückzuführen. Vorerst sehen wir kaum eine andere Möglichkeit, als von der durchschnittlichen Einkommens-Ausbreitungsperiode des aktiven Geldes auszugehen und sich durch mehr oder weniger intuitive Korrekturen im Sinne der obigen Feststellungen über die Länge der drei lags im Einkommenskreislauf an die vermutliche Multiplikatorperiode heranzutasten. Die durchschnittliche Einkommens-Ausbrei-

---

[10] *Ackley*, a. a. O., S. 366.

tungsperiode des aktiven Geldes wird von Machlup für die USA auf 3 Monate, von Henry H. Villard auf 3$^1/_2$ Monate und von James Angell auf rund 3$^1/_4$ Monate geschätzt[11].

IV. Die Konsumfunktion als wesentliche Grundlage des Multiplikatortheorems

§ 22. Vorausgesetzt, wir hätten eine ungefähr richtige Vorstellung von der Länge der Multiplikatorperiode und wir wüßten, wie groß die marginale Ausgabenquote für Konsumgüter, für Lagerhaltungs- und Erweiterungsinvestitionen und für Investition im Ausland ist, so könnten wir mit Hilfe des Multiplikatortheorems die Entwicklung von Volkseinkommen und Beschäftigung prognostizieren, die bei einer Veränderung der autonomen Investitionen oder der Regierungsausgaben stattfinden würde. Wir könnten auch bestimmen, wie groß bei gegebenen autonomen Investitionen ein Budgetdefizit oder eine Erhöhung der Staatsausgaben bei gleichzeitiger Steuererhöhung sein müßten, um in bestimmter Zeit ein bestimmtes Einkommens- und Beschäftigungsniveau zu erreichen. Welche Bedeutung bei solchen Berechnungen der Ausgabenfunktion zukommt, braucht nicht mehr dargelegt zu werden. Wie immer man den Begriff der einkommensabhängigen Ausgaben definiert, das Kernstück einer für Projektionszwecke geeigneten Ausgabenfunktion wird immer die Konsumfunktion sein, die uns die marginale Konsumquote liefert. Die Konsumfunktion ist — wenigstens in den USA — relativ am besten erforscht, und es mag angebracht sein, zunächst die Probleme zu erörtern, die mit ihrer Bestimmung verbunden sind.

§ 23. Die wichtigste unabhängige Variable der Konsumfunktion ist nach herrschender Ansicht nicht das Brutto-Volkseinkommen, dessen Entwicklung wir bestimmen wollen, sondern das verfügbare persönliche Einkommen der Haushalte. Dieses ist gleich dem Brutto-Volkseinkommen minus Abschreibungen, Steuern und unausgeschüttete Gewinne der Kapitalgesellschaften plus Transferzahlungen der öffentlichen Hand. Für verschiedene hypothetische Niveaus des Brutto-Volkseikommens muß daher zunächst das entsprechende persönliche verfügbare Einkommen geschätzt werden. Man kann dabei, wie Smithies es getan hat, das persönliche verfügbare Einkommen in Prozenten des Volkseinkommens ausdrücken[1].

Die größte Schwierigkeit bereitet hierbei wohl die Schätzung des Anteils der unausgeschütteten Gewinne an verschiedenen hypothe-

---

[11] Vgl. Fritz *Machlup*, a. a. O. „Readings...", S. 214 f.
[1] Arthur *Smithies*, Forecasting Postwar Demand, Econometrica XIII, Januar 1945.

tischen Volkseinkommen. Sie erfordert eine Schätzung der durchschnittlichen und damit auch marginalen Gewinnquoten, aus denen dann mit Hilfe der marginalen Steuersätze die Netto-Gewinne nach Abzug der Steuern ermittelt werden können. Von der Höhe dieser Netto-Gewinne hängt die Höhe der unausgeschütteten Gewinne ab. Wir bringen diese Abhängigkeit zum Ausdruck, indem wir von der Sparquote der Kapitalgesellschaften sprechen. Über die marginale Sparquote der Kapitalgesellschaften wissen wir aus den Studien von Kuznets, Abramowitz und Samuelson, daß sie normalerweise sehr hoch ist. Dies ergibt sich aus der Neigung der Kapitalgesellschaften, ihre Dividendenausschüttungen nach Möglichkeit zu stabilisieren. Die Studien von Kuznets[2] zeigen z. B. folgendes: Während der Prosperitätsperiode von 1919—1928 betrug der Anteil der Unternehmungsersparnisse etwa 19 %, im Hochkonjunkturjahr 1929 sogar 26 %. Als jedoch in der Zeit von 1929—1938 allein die Gewinne der Kapital-Gesellschaften um mehr als 50 % sanken (von 4,9 Mrd. $ auf 2 bis 3 Mrd. $) entsparten die Unternehmungen jährlich etwa 2—3 Mrd. $ und selbst in dem relativ günstigen Jahr 1937 etwa 1 Mrd. $. Moses Abramowitz[3] schätzt, daß die Unternehmungsersparnisse zwischen 1919 und 1938 38 % der konjunkturellen Veränderungen der Netto-Ersparnisse erklären, während die privaten Ersparnisse nur 26 % zu diesen Veränderungen beitrugen; der Rest umfaßt öffentliche Ersparnisse. Samuelson[4] kommt sogar zu dem Ergebnis, daß in der Periode von 1921 bis 1935 fast der gesamte Zuwachs der Ersparnisse die Form von Unternehmungs- und Regierungsersparnissen angenommen habe.

Nach anschließender Berücksichtigung der Transferzahlungen, die mit zunehmendem Volkseinkommen und zunehmender Beschäftigung abzunehmen pflegen, kann man das Verhältnis zwischen dem Volkseinkommen und dem verfügbaren Einkommen bestimmen. Arthur Smithies gelangt z. B. zu dem Ergebnis, daß in den USA eine 1 %ige Steigerung des Volkseinkommens mit einer 0,6 %igen Steigerung des verfügbaren Einkommens verbunden ist[5]. Hierbei überrascht nur, daß diese Relation trotz progressiver Besteuerung konstant sein soll.

§ 24. In fast allen statistisch ermittelten Konsumfunktionen ist das verfügbare persönliche Einkommen die wichtigste unabhängige Vari-

---

[2] Simon *Kuznets*, National Income and its Composition 1919—1938, National Bureau of Economic Research 1941. Table 39, S. 276.
[3] Moses *Abramovitz*, Savings and Investment: Profits versus Prosperity. American Economic Review, Supplement, Juni 1942, S. 53 ff.
[4] Paul A. *Samuelson* in Alvin H. *Hansen*, Fiscal Policy and Business Cycles. New York 1941, S. 255 ff.
[5] A. *Smithies*, The Multiplier, American Economic Review, Suppl. May 1948, S. 302.

able. Liu und Chang sind wohl die einzigen, die das Brutto-Volkseinkommen bzw. Brutto-Sozialprodukt zugrunde legen. Als zusätzliche Variable werden Änderungen der Konsumgüterpreise u. a. von Mosak[6], Samuelson[7], Liu und Chang[8] sowie von Smithies[9] und Änderungen der Bevölkerungszahl von Samuelson und Smithies berücksichtigt.

§ 25. All diese aus makroökonomischen Größen abgeleiteten Konsumfunktionen sind jedoch dem Einwand ausgesetzt, daß sie nur dann zuverlässig sind, wenn die ihnen zugrunde liegenden Hypothesen auch mit dem Verhalten der individuellen Haushalte übereinstimmen. Auf die Diskrepanz zwischen den aus historischen Reihen abgeleiteten Konsumfunktionen und dem Bild, das sich aus den Haushaltsstudien in den USA ergibt, weist auch Shakle in dem oben zitierten Aufsatz besonders hin. Eine teilweise Überwindung dieses Gegensatzes verdanken wir James Duesenberry[10] und Franco Modigliani. Aus den Haushaltsuntersuchungen, die in den Jahren 1935/36 und 1941 in den USA angestellt worden sind, ergibt sich nämlich, daß die durchschnittlichen Ausgabenüberschüsse der Haushalte bei gleichen Einkommen im Vollbeschäftigungsjahr 1941 nur halb so groß waren wie im Jahr 1935/36, als Volkseinkommen und Beschäftigung unter dem Niveau des vorangegangenen Hochkonjunkturjahres 1929 lagen. Duesenberry sieht die Erklärung darin, daß sich in den Jahren 1935/36 in den gegebenen Einkommensgruppen mehr temporäre Arbeitslose befanden, die entweder ihren Konsumstandard noch nicht genügend reduziert hatten oder in Erwartung eines Anstiegs ihrer Einkommen über ihre Verhältnisse lebten. Da die Haushaltsstudien des Jahres 1941/42 gleichzeitig zeigen, daß Familien mit wiederansteigendem Einkommen ungefähr dieselbe Konsumneigung wie Familien mit konstantem Einkommen hatten, und daß die Konsumquote bei Familien mit sinkendem Einkommen wesentlich größer war, ergibt sich die Hypothese, daß die Konsumausgaben nicht nur vom gegenwärtigen verfügbaren Einkommen sondern auch von dem höchsten in der Vergangenheit realisierten Einkommen beeinflußt werden. Duesenberrys Konsumfunktion, die in die Form einer Sparfunktion gekleidet ist, lautet:

$$\frac{S_t}{Y_t} = 0{,}166 \frac{Y_t}{Y_o} - 0{,}066,$$

---

[6] Jacob *Mosak*, Forecasting Post-war Demand, Econometrica XIII, Januar 1945.
[7] Paul A. *Samuelson*, a. a. O.
[8] T. C. *Liu* and C. G. *Chang*, U. S. Consumption and Investment Propensities: Pre-war and Post-war. American Economic Review XL Sept. 1950.
[9] Arthur *Smithies*, Forecasting Post-war Demand, a. a. O.
[10] James S. *Duesenberry*, Income-Consumption Relations and their Implications in „Income, Employment and Public Policy. Essays in Honor of Alvin H. Hansen." New York 1948, S. 54 ff.

wobei S_t und Y_t die laufenden Ersparnisse bzw. Einkommen bezeichnen und Y_0 das höchste Einkommen in der Vergangenheit symbolisiert.

§ 26. Die Konsumfunktionen von Duesenberry und Modigliani sind kürzlich von Tom E. Davis[11] modifiziert worden, der an Stelle des höchsten verfügbaren Einkommens der Vergangenheit den höchsten erreichten Konsumstandard verwendet. Wie Davis zeigt, stimmen sie in dieser Form im Gegensatz zu allen anderen gebräuchlichen Konsumfunktionen sowohl mit der Entwicklung der Konsumausgaben vor dem Kriege als auch mit der Nachkriegsentwicklung überein. Duesenberrys Konsumfunktion impliziert (a), daß die marginale Konsumquote bei zyklischen Schwankungen des Einkommens relativ niedrig, aber die durchschnittliche Konsumneigung relativ hoch ist. Daneben besagt sie aber auch (b), daß die durchschnittliche Konsumquote im Zuge des Einkommenswachstums konstant bleibt. In dieser Hinsicht steht sie im Gegensatz zu der engeren Version des sog. psychologischen Gesetzes von Keynes, das eine mit zunehmendem Einkommen abnehmende Konsumquote impliziert. Sie steht aber auch im Gegensatz zu den Haushaltsstudien, die die allgemeine Ansicht bestätigen, daß Familien mit höherem Einkommen eine niedrigere Konsumquote als Familien mit niedrigerem Einkommen haben. Duesenberry überbrückt den Gegensatz durch die Hypothese, daß die individuelle Konsumquote nicht von der Höhe des absoluten Einkommens sondern von der relativen Position des individuellen Einkommens auf der Einkommenspyramide abhänge. Diese relative Einkommenshypothese basiert auf der Interdependenz der individuellen Konsumentscheidungen.

"The strength of any individual's desire to increase his consumption expenditure is a function of the ratio of his expenditure to some weighted average of the expenditures of others, with whom he comes in contact. The weights are determined by the social character of these contacts. If the distribution of income is constant (in the Lorenz curve sense) this weighted average can be regarded as a function of an individual's percentile position in the income distribution"[12].

Daraus folgt, daß die Kräfte, die uns dazu veranlassen, unseren Konsumstandard zu heben, um so stärker sind, je niedriger unser Platz auf der Einkommenspyramide ist. Wenn die Einkommenspyramide wächst und die Einkommensverteilung gleich bleibt, so bleibt auch für jeden Haushalt das Verhältnis der konsumsteigernden zu den ersparnisfördernden Kräften gleich mit dem Ergebnis, daß die

---
[11] Tom E. *Davis*, The Consumption Function as a Tool for Prediction, Review of Economics and Statistics, Vol. XXXIV, August 1952.
[12] *Duesenberry*, a. a. O., S. 77.

durchschnittlichen Konsumquoten der Haushalte trotz wachsendem Volkseinkommen gleich bleiben und daher auch die makroökonomische Konsumquote keine Veränderung erfährt.

Das Verdienst, diese relative Einkommenshypothese erstmalig aufgestellt zu haben, gebührt jedoch nicht Duesenberry sondern Dorothy S. Brady und Rose D. Friedman, die bereits im Jahre 1947 feststellten: " ... the smaller the percentage of families in the higher income brackets, the greater the percentage of income saved at each income level. Among groups of non-farm-families, in different areas or at not widely separated periods, the percentage of income saved appears to approach a common value at the same relative income position, that is at the same decile or percentile of income. Among farm groups there is likewise a tendency for the percentage of income allocated to earnings... to differ less at the same relative position than at the same absolute point on the income scale..."[13]. Im Anschluß hieran wird auch gefolgert: " ... raising the level of income in a community has the effect of increasing the expenditures... of families at every level." Diese Übereinstimmung mit der Duesenberry-Hypothese ist nicht nur aus dogmengeschichtlichen Gründen erwähnenswert, sondern weil es beruhigt, wenn dieselben Daten von verschiedener Seite in gleicher Weise interpretiert werden. Leider ist nun in der Zwischenzeit James Tobin[14] bei der Prüfung derselben Daten zu dem Ergebnis gelangt, daß die absolute Hypothese die Daten viel besser erklärt als die relative. Die Frage ist also völlig offen; ohne ein gründliches Studium der Originaldaten kann man nur die salomonische Vermutung äußern, daß es wahrscheinlich sowohl auf das absolute Einkommen als auch auf die relative Einkommensposition ankommt.

§ 27. Wenn dies aber so ist, dann muß die Diskrepanz zwischen der einen Tatsache, daß Familien mit höherem Einkommen eine höhere Sparquote haben, und der anderen Tatsache, daß die durchschnittliche makroökonomische Konsumquote in den USA in den letzten 70 Jahren nicht gesunken ist, noch auf andere Weise beseitigt werden als nur durch die Duesenberry-Hypothese. Welche unabhängigen Variablen können außerdem noch in die Konsumfunktion einbezogen werden? Wenn es sich um Faktoren handelt, die nur langfristig wirken, so interessieren sie hier nicht. Aber wenn die Erklärung in der Existenz von Faktoren liegen sollte, die sowohl langfristig als auch kurz-

---

[13] Dorothy S. *Brady* and Rose D. *Friedman* in „Conference on Research in Income and Wealth", Studies Vol. X, National Bureau of Economic Research, New York 1947, S. 248.

[14] James *Tobin*, Relative Income, Absolute Income, and Saving in „Money, Trade and Economic Growth. In Honor of John Henry Williams". New York 1951, S. 156.

fristig von Bedeutung sind, so dürften sie in einer prognostisch anzuwendenden Multiplikatortheorie nicht außer Betracht bleiben, wenn sie im Projektionszeitraum größer oder kleiner sind als in der Referenzperiode. Wir sind also gezwungen, nach weiteren unabhängigen Variablen der Konsumfunktion Ausschau zu halten.

§ 28. Es empfiehlt sich, unser Augenmerk zunächst auf die Einkommensverteilung zu richten. Die marginale makroökonomische Konsumquote ist ein gewogener Durchschnitt der marginalen individuellen Konsumquoten. Die Gewichte entsprechen dem Anteil, den die Veränderungen der Individualeinkommen an der Veränderung des Gesamteinkommens haben. Wenn sich diese Gewichte verschieben, verändert sich notwendig auch die marginale makroökonomische Konsumquote. Hans Staehle[15] hat für Deutschland und die Zeit von 1928—1934 die Konsumneigung aus den in Lohneinheiten gemessenen Arbeitseinkommen berechnet und dabei festgestellt, daß der Grad der Ungleichheit der Verteilung der Arbeitseinkommen fast genau so wichtig für die Schwankungen der Konsumausgaben ist wie die Höhe der Arbeitseinkommen. Er hat damit gleichzeitig die communis opinio bestätigt, daß sich die Sparrate bei einer kurzfristigen Verringerung des Ungleichheitsgrades der Einkommensverteilung vermindert.

§ 29. Außer dem verfügbaren Realeinkommen, dem höchsten Konsumstandard in der erinnerlichen Vergangenheit und der personellen Einkommensverteilung scheint für die kurz- und mittelfristige Konsumfunktion auch noch die Liquidität der Konsumenten eine wesentliche Rolle zu spielen. In der „General Theory" hat die Liquidität nur einen Einfluß auf die Investitionsneigung, nicht jedoch auf den Konsum. Nach den Erfahrungen der Nachkriegszeit besteht aber wohl kaum ein Zweifel darüber, daß die Konsumneigung durch die Liquidität der Konsumenten beeinflußt wird. " ... liquidity is now commonly accepted as a factor affecting consumption..." bemerkt John H. Williams[16]. Eine hohe Liquidität der Konsumenten erlaubt stärkere kurzfristige Verschiebungen der Konsumfunktion im Gefolge von politisch verursachten Vertrauensstörungen wie z. B. nach Ausbruch des koreanischen Krieges. Aber auch in normalen Zeiten wirkt sie vermutlich konsumsteigernd; denn wer seine Ersparnisse z. B. aus Mangel an attraktiven Anlagemöglichkeiten in liquider Form hält, ist gegen die Reizwirkung der Reklame und des demonstrativen Kon-

---

[15] Hans *Staehle*, Short Period Variations in the Distribution of Incomes, The Review of Economic Statistics. Vol. 19, 1937, S. 133—143.
[16] J. W. *Williams*, An Appraisal of Keynesian Economics, American Economic Review, May 1948, Supplement S. 284.

sums anderer viel weniger gefeit als derjenige, der illiquide ist, Versicherungsprämien zahlen oder feste Sparverträge und Kündigungsfristen einhalten muß. Daß man durch Änderung der Konsumkreditfinanzierungsbedingungen die Konsumneigung beeinflussen kann, gehört heute ebenfalls zu den durch die Erfahrung bestätigten Erkenntnissen und unterstreicht den hier betonten Zusammenhang.

§ 30. Damit schiebt sich auch die Frage nach dem Einfluß des Zinssatzes auf die Konsumneigung in den Vordergrund. Die Höhe des Zinssatzes wird häufig nicht für bedeutsam gehalten, aber dabei wird meist übersehen, daß geringfügige Zinsänderungen natürlich auch nur geringfügige Änderungen der Konsumentenentscheidungen verursachen können, vor allem im short-run. Man denkt in der Regel auch nur an Änderungen der Sparkassenzinsen, vergißt aber häufig den Einfluß von Zinsänderungen auf die festverzinslichen Vermögenswerte. Wenn der langfristige Zinssatz von 4 % auf 5 % steigt, so bedeutet dies immerhin, daß die Obligationenkurse um 20 % sinken, und eine derartige Wertminderung der in Obligationen angelegten Ersparnisse wird bei breiter Streuung des Obligationenbesitzes eines gewissen Akkumulationsanreizes vermutlich nicht entbehren.

§ 31. Die damit verbundene Frage nach dem Einfluß des Verhältnisses zwischen Vermögen und Einkommen ist in jüngster Zeit im Anschluß an die Diskussion über den Pigou-Effekt in den Vordergrund getreten. James Tobin[17] sieht in der Zunahme des Vermögens der Haushalte eine Möglichkeit, die absolute Einkommenshypothese mit dem säkularen Anstieg der Konsumfunktion zu vereinbaren, die sich in der erwähnten säkularen Konstanz der durchschnittlichen makroökonomischen Konsumquote manifestiert. Die vorliegenden Haushaltsstatistiken liefern jedoch noch nicht die zu einem exakten Beweis erforderlichen Angaben. In die gleiche Richtung weist James Meade, wenn er die Vermutung äußert, daß die Vermögensillusion, die eine hohe Staatsschuld begründet, einen konsumsteigernden Einfluß ausübt[18].

§ 32. Man kann die Liste der potentiellen Einflüsse auf die Konsumfunktion beliebig verlängern. Hingewiesen sei nur noch auf den güterschöpfenden technischen Fortschritt, auf den zunehmenden Einfluß der Reklame, auf Veränderungen in der Altersstruktur der Bevölkerung, auf die Verringerung des Anteils der besonders sparfreudigen Landbevölkerung und auf die Ausbreitung wohlfahrtsstaat-

---

[17] a. a. O.

[18] J. E. *Meade*, Planning and the Price Mechanism. The Liberal Socialist Solution, London 1948, S. 50. Deutsche Ausgabe: Planung und Preismechanismus. Die liberal-soziale Lösung. Ins Deutsche übertragen von G. Bombach, Bern, Tübingen 1951, S. 52/53.

licher Vorstellungen. Vielleicht sollten wir auch die klassische Hypothese von der gegenseitigen Motivierung von Ersparnisbildung und Investition nicht außer Betracht lassen. Sie fällt bei der Trennung der Gesamtausgaben in Konsumausgaben und Investitionsausgaben leicht unter den Tisch, wird aber sicherlich überbetont, wenn man mit der vorkeynesianischen Terminologie etwa der Cambridge-Gleichung und der Umlaufsgeschwindigkeit des Geldes operiert.

V. Schlußbemerkung

§ 33. Abschließend sei noch auf die Schwierigkeiten einer hinreichend genauen Schätzung und Vorausbestimmung der marginalen Ausgabenquote für heimische Investitionen und für Investitionen im Ausland hingewiesen. Hier tappen wir noch mehr als bei der Konsumfunktion im Dunkeln. Auf die Notwendigkeit einer gründlichen Erforschung der unternehmerischen Verhaltensweisen und der die Erwartungen bestimmenden Faktoren wurde bereits oben hingewiesen. Ob man z. B. die von Lawrence Klein[1] auf Grund der US-amerikanischen Statistiken der Jahre 1920—1941 aufgestellte Investitionsfunktion, in der die Gewinne nach Abzug der Steuern neben dem Kapitalstock als unabhängige Variable fungieren, einschließlich der ermittelten Koeffizienten auf andere Länder übertragen oder in die Zukunft extrapolieren kann, erscheint angesichts des starken Einflusses und der Unstabilität der unternehmerischen Erwartungen äußerst fraglich. Wenn Smithies auf Grund dieser Berechnungen Kleins die Grenzneigung zur Investition in den USA auf 0,09 schätzt, so ist dies nicht mehr als ein erstes Experiment. Es sei deshalb nur beispielhaft und der Vollständigkeit halber erwähnt, daß Smithies nach Berücksichtigung der ebenfalls geschätzten Grenzneigung zur Investition im Ausland und der marginalen Ausgabenquote der öffentlichen Hand zu einer marginalen Gesamtausgabenquote von 0,51 für die USA und das Jahr 1947 und damit zu einem Multiplikator von 2 gelangt.

§ 34. Wer sich all der Schwierigkeiten und Probleme bewußt ist, die mit der Anwendung des Multiplikatortheorems auf die wirtschaftliche Wirklichkeit verbunden sind, wird derartigen Schätzungen ein beträchtliches Maß an Skeptizismus entgegenbringen und kaum überrascht sein, daß Smithies bei einem geschätzten Multiplikator von 2 einen Multiplikator von 3 im konkreten Fall durchaus für möglich hält. Wie groß auch immer der Unsicherheitsbereich solcher Schätzungen sein mag, wichtig ist, daß man ihn erkennt und zugibt und

---

[1] Lawrence R. *Klein*, Economic Fluctuations in the United States, New York, London 1950, Chapter III.

dennoch nicht darauf verzichtet, die Kluft zwischen Theorie und Wirklichkeit zu überbrücken. Jedes Instrument der quantitativen Wirtschaftstheorie, das zu solchen Versuchen anregt, erfüllt eine wichtige Funktion, auch wenn es sich gelegentlich in der Hand des Ungeübten als ein gefährliches Werkzeug erweist. Aus der Anwendung des theoretischen Instrumentariums resultieren kräftige Impulse für den Fortschritt unserer Wissenschaft, und je früher ein zur Anwendung reizendes Werkzeug auf Grund der mit ihm gewonnenen Erfahrung weiterentwickelt oder durch ein brauchbareres ersetzt werden kann, um so größer ist seine wissenschaftsgeschichtliche Bedeutung. Man kann daher, ohne das Verdienst von Kahn und Keynes zu schmälern, Arthur Smithies warnende Worte über den Multiplikator ohne Einschränkung akzeptieren und weitergeben: "... even in its proper setting, I consider it (den Multiplikator H. G.) a dangerous instrument. The only satisfactory way to proceed is to work with the entire model rather than to compress it into a single figure ... Fortunately for our profession, economics is still more than an exercise in simple arithmetic[2]."

---

[2] *Smithies:* The Multiplier, a. a. O., S. 305.

Über die Grenzen der Multiplikatortheorie

Von Rudolf Richter, Frankfurt a. M.

Es ist zweckmäßig, vor Beginn der Diskussion das Spielfeld abzustecken, und es wird deshalb vielleicht gut sein, wenn ich in meinem Korreferat versuche, die Grenzen der Multiplikatortheorie herauszuarbeiten.

Der Begriff „Multiplikatortheorie" kennzeichnet eine Anzahl von Spezialtheorien, wie etwa die Theorien vom Investitionsmultiplikator oder vom Konsummultiplikator, die Theorien vom zusammengesetzten oder etwa vom Außenhandelsmultiplikator — eine Fülle mehr oder minder komplizierter Theorien, die uns den Überblick über das, was die Multiplikatortheorie als solche leisten kann, erschweren. Sehen wir uns aber diese unterschiedlichen Theorien genauer an, so stellen wir fest, daß ihnen allen die gleiche Arbeitshypothese zu Grunde liegt, daß sie alle dasselbe Multiplikatorprinzip gemeinsam haben. Beherrschen wir einmal dieses Prinzip, dann sehen wir zugleich mit dem Sinn auch die Grenzen der Multiplikatortheorie.

Wir wollen versuchen, das Multiplikatorprinzip an Hand der bekanntesten Spezialtheorie — der Keynesschen Theorie vom Investitionsmultiplikator — zu demonstrieren.

Die Theorie vom Investitionsmultiplikator will die folgende Frage beantworten: Wie verändert sich das Volkseinkommen als Folge einer autonomen Änderung der Investition? Sie geht also von der Vorstellung aus, daß zwischen der Investitionsveränderung ($\triangle I$) und der Veränderung des Volkseinkommens ($\triangle Y$) ein funktionaler Zusammenhang besteht:

$$\triangle Y = f(\triangle I)$$

Aus dem funktionalen Zusammenhang allein können wir uns jedoch noch kein Bild davon machen, w i e die Investitionsveränderung das Volkseinkommen beeinflussen wird; wir sind gezwungen, den Charakter der Funktion zu explizieren. Am einfachsten ist anzunehmen, eine Zunahme der Investition ziehe eine proportionale Zunahme des Volkseinkommens nach sich, so daß wir schreiben können

$$\triangle Y = k \triangle I$$

d. h. eine Veränderung von I wird stets eine k-fache Veränderung von Y zur Folge haben. Nun ist die eingeführte Größe k (der „Investitionsmultiplikator") damit noch nicht näher definiert. Um sie erklären zu können, müssen wir eine Hypothese einführen, nämlich die Hypothese des „psychologischen Gesetzes": Jeder Einkommensempfänger darf nur einen Teil seines Einkommens oder auch seines Einkommenszuwachses ausgeben ($a < 1$)[1]. Die Größe k wird dann geschrieben als

$$\frac{1}{1-a}$$

Wollen wir diesen Ausdruck ökonomisch sinnvoll interpretieren, so ist es gut, zu beachten, daß er zugleich die Summenformel einer unendlichen geometrischen Reihe darstellt, und zwar einer fallenden, weil ja — wie gesagt — $a < 1$ ist. Wir gehen dabei von der Vorstellung aus, daß jeder Einkommensempfänger im Durchschnitt den gleichen Teil seines Einkommenszuwachses verausgabt und den Rest hortet. Das sind die Bedingungen des Multiplikatorprinzips[2].

Aus dem Multiplikatorprinzip läßt sich ohne weiteres der Sinn der Multiplikatortheorie erkennen: Sie will uns unter stark abstrahierenden Bedingungen eine exakte, logische Erklärung dafür geben, wie eine autonome Veränderung eines Ausgabenstromes — hier der Investition — auf die Höhe des Volkseinkommens einwirkt. Deswegen nennt Keynes sie auch die „logische Theorie des Multiplikators", die — wie er sich ausdrückt — „fortwährend, ohne Zeitverzögerung und immer gilt[3]". Mit anderen Worten haben wir es hier mit einer Modellanalyse zu tun und keinesfalls mit einer Wiedergabe der, wenn ich so sagen darf, realen Kausalität. Die Theorie ist in dieser Form statistisch nicht verifizierbar, denn die Bedingungen des Modells, in dem sie gilt, sind allzu wirklichkeitsfern: Soll die Multiplikation nicht nur das Nominaleinkommen, sondern in gleichem Maße das Realeinkommen und damit die Beschäftigung erhöhen, so müssen wir annehmen, daß sämtliche Preise konstant bleiben. Das ist wiederum nur dann möglich, wenn genügend Überkapazitäten und freie Produktions-

---

[1] J. M. *Keynes*, Allgemeine Theorie der Beschäftigung, des Zinses und des Geldes, München und Leipzig 1936, S. 84. a ist das Symbol für den Grenzhang zum Verbrauch.

[2] Es ist übrigens dabei gleichgültig, ob der jeweilige Einkommensempfänger seine Ausgaben nur einem einzigen oder zahlreichen Verkäufern zuleitet. Wir haben dies — angeregt durch die graphentheoretischen Überlegungen von Hans Peter — zwar nur für einige relativ einfache Kreisläufe überprüft, sind aber selbst dann auf eine fallende geometrische Reihe zurückgekommen, wenn sich der Kreislauf in zwei selbständige Kreisläufe aufgespalten hat. Auf jeden Fall wollen wir daraus entnehmen, daß das Multiplikatorprinzip auch für relativ komplizierte Kreisläufe verwendet werden kann und nicht nur an die Vorstellung eines einfachen Weiterreichens der Einkommensteile von einer Hand in die andere gebunden ist. (Vgl. Hans *Peter*, Zur formalen Klassifizierung von Wirtschaftskreisläufen. Kombinatorische Probleme. Economia Internazionale, Genua 1952.)

[3] a. a. O., S. 104/105.

faktoren vorhanden sind[4]. Wir müssen ferner annehmen, daß die Betriebe nur eine Art Vermittlerrolle spielen, sie dürfen nicht mehr und nicht weniger ausgeben als sie empfangen[5], müssen pünktlich reinvestieren und müssen ihre Kassenreserven unverändert halten. Als wichtigstes ist zu berücksichtigen, daß die nicht verbrauchten Einkommensteile gehortet, d. h. n i c h t i n v e s t i e r t werden. Sie verschwinden also vollständig aus dem Kumulationsprozeß und bilden, wie sich J. M. Clark ausdrückt, „leakages"[6]. Die letzten beiden Bedingungen verlieren allerdings an Schärfe, wenn wir den Multiplikator von Keynes als einen Spezialfall eines „generellen Multiplikators" ansehen, wie es Erich Schneider getan hat[7]. Spezialfall insofern, als Keynes zwei wichtige Hypothesen seines Lehrgebäudes — Investitionsneigung und Liquiditätspräferenz — in seiner Multiplikatortheorie unberücksichtigt ließ. Er begründete den Investitionsmultiplikator ausschließlich auf der Hypothese des „psychologischen Gesetzes". Schneider führt nun Investitionsneigung und Liquiditätspräferenz als zusätzliche Hypothesen in die Analyse ein, um damit einen im Sinne der Keynesschen Theorie „generellen Multiplikator" zu formulieren. Die Höhe des durchschnittlich weitergereichten Einkommensteils wird hier nicht mehr allein vom Grenzhang zum Verbrauch, sondern auch von der Elastizität der Investitionsneigung und der Elastizität der Liquiditätspräferenz in bezug auf den Zinssatz bestimmt. Am Multiplikator p r i n z i p wird dabei jedoch nichts geändert, auch hier wird ein Bruchteil des Einkommenszuwachses weitergegeben und der Rest gehortet[8].

Genau so wie die soeben besprochenen Theorien vom generellen Multiplikator und vom Investitionsmultiplikator sind auch die übrigen Spezialtheorien statistisch nicht verifizierbar[9]. Ich denke im einzelnen

---

[4] Angebotselastizität der Produktionsfaktoren in bezug auf den Preis unendlich.

[5] James W. *Angell*, Investment and Business Cycle, New York 1941, S. 228.

[6] J. M. *Clark*, Cumulative Effects of Changes in Aggregate Spending as Illustrated by Public Works, American Economic Review, 1935, S. 17.

[7] Erich *Schneider*, Einführung in die Wirtschaftstheorie, III. Teil, Tübingen 1952, S. 151 f.

[8] Das Problem der „leakages" muß also auch hier noch bestehen — andernfalls müßte dieser (immer noch statische) Multiplikator den Wert „unendlich" haben.

[9] Obgleich die statistische Verifikation eines speziellen oder generellen Multiplikators verschiedentlich versucht wurde; vgl. die Arbeiten von Colin *Clark*, Determination of the Multiplier from National Income Statistics, Economic Journal, 1935; J. J. *Polak*, Fluctuations in the United States Consumption 1919—1932. The Review of Economic Statistics, 1939; A. Smithies, Keynesian Economics: The Propensity to Consume and the Multiplier, American Economic Review, 1948, Papers and Proceedings.

an die Theorien vom Konsummultiplikator[10], vom zusammengesetzten Multiplikator[11], vom Außenhandelsmultiplikator[12] oder etwa an das Haavelmo-Theorem[13]. Alle diese speziellen Theorien enthalten das gleiche Multiplikatorprinzip; sie unterscheiden sich vom Investitionsmultiplikator nur dadurch, daß sie entweder die unabhängig Variable auswechseln oder zugleich mehr als eine Variable berücksichtigen.

Man hat Keynes' logische Theorie vom Multiplikator hauptsächlich deswegen angegriffen, weil sie nicht die Z e i t berücksichtigt. In der Wirklichkeit wird zwischen Einkommensbildung und Einkommensverwendung eine gewisse Zeit vergehen, und es liegt deshalb nahe, jeder einzelnen Multiplikation der fallenden geometrischen Reihe eine bestimmte Zeiteinheit zuzuordnen. Wir sind dann in der Lage, den Multiplikatorprozeß im fiktiven Zeitverlauf zu beobachten. Das Problem, daß der Gesamteffekt erst in $t = \infty$ erreicht ist, interessiert dann nicht mehr, wenn wir uns mit einem Annäherungswert von beispielsweise 95 oder 98 % der Gesamtwirkung begnügen, der auf jeden Fall in einer endlichen Anzahl von Zeiteinheiten erreicht wird[14]. Leider gewinnen wir aus dieser mechanischen Dynamisierung des Multiplikatorprinzips keine neuen Aspekte, und man kann zugespitzt sagen: Das einzige, was sie uns gebracht hat, war eine lebhafte Diskussion über den Inhalt und die Bedeutung des time lag[15]. Aber wozu diese Diskussion, wenn es doch letztlich bei dem allein um die Zeitskala e r g ä n z t e n Multiplikatorprizip geblieben ist, dem gleichen Prinzip, das der logischen Theorie des Multiplikators und der daran anknüpfenden Kritik zugrunde lag. Denn wie immer wir den lag

---

[10] Vgl. Oscar *Lange*, The Theory of the Multiplier, Econometrica 1943, S. 227.

[11] Vgl. J. W. *Angell*, a. a. O., S. 195; Oscar *Lange*, a. a. O., S. 230 ff.

[12] R. F. *Harrod*, The Trade Cycle, Oxford 1936, S. 145 ff.; F. *Machlup*, International Trade and National Income Multiplier, Philadelphia 1943.

[13] Vgl. T. *Haavelmo*, Multiplier Effects of a Balanced Budget, Econometrica 1945; Erich *Schneider*, a. a. O., S. 198 ff.

[14] Ob wir den truncated multiplier im Sinne von O. Lange oder den dynamischen Multiplikator von R. M. Goodwin betrachten, spielt in diesem Falle keine Rolle. In beiden Theorien ist der Multiplikativprozeß erst in $t = \infty$ abgeschlossen, und bei beiden läßt sich berechnen, wann beispielsweise $2/3$ des Prozesses erfüllt worden sind. Der Hauptunterschied besteht darin, daß Goodwin im Gegensatz zur früheren Theorie einen kontinuierlichen Prozeß beschreiben kann. (Vgl. Richard M. *Goodwin*, Secular and Cyclical Aspects of the Multiplier and the Accelerator, in: Essays in Honor of A. H. Hansen, New York 1948, S. 113 ff.).

[15] Vgl. hierzu: E. *Lundberg*, Studies in the Theory of Economic Expansion, Stockholm 1937; Fritz *Machlup*, Period Analysis and Multiplier Theory, Quarterly Journal of Economics, 1939; Lloyd A. *Metzler*, Three Lags in the Circular Flow of Income, in: Essays in Honor of A. H. Hansen, New York 1948.

interpretieren: Der Tatsachenkomplex, auf den wir das Multiplikatorprinzip anwenden können, ist durch die Einführung der Zeit nur in einer sehr bescheidenen Hinsicht erweitert worden. Auf den speziellen Investitionsmultiplikator bezogen heißt das: Sämtliche Preise müssen konstant bleiben, d. h. es müssen genügend Überkapazitäten vorhanden sein, die Betriebe spielen nur eine Art Vermittlerrolle, und die aus der Einkommenserhöhung anfallenden Ersparnisse sind auch jetzt noch zu horten. Ja, wir können fast so weit gehen, zu sagen, daß aus der Fülle der Irrealitäten, die bei einer Interpretation des Multiplikatorprinzips in Kauf genommen werden mußten, das einfachste und zunächst unwichtigste Problem herausgegriffen worden ist — nämlich die Zeit. Und zwar die Zeit a l l e i n , nicht einmal die sich aus dem Zeitphänomen ergebenden neuen ökonomischen Probleme. Hätte man diese berücksichtigen wollen, dann wären weitere Prinzipabwandlungen oder Ergänzungen erforderlich gewesen, die z u g l e i c h mit dem Zeitproblem a u c h die Problematik der leakages, sowie des konstanten Grenzhanges zum Verbrauch und der Angebotselastizität der Produktionsfaktoren einschließen müßten. Eine derart generelle Abwandlung des Multiplikatorprinzips gibt es bis heute nicht. Welche Probleme eine solche umfassende dynamische Analyse erklären müßte, läßt sich am ehesten in Fortführung unseres Beispielfalles, der Theorie vom Investitionsmultiplikator, veranschaulichen.

Hatten wir bisher mit einem konstanten Grenzhang zum Verbrauch gerechnet[16], d. h. angenommen, die Gesamtheit der Konsumenten gibt in jeder Zeitperiode den gleichen Teil ihres Einkommenszuwachses aus, so werden wir jetzt als erstes vor die Frage gestellt, ob sich nicht im Zeitverlauf die Größe von α verändert. Das Ergebnis wäre eine entsprechende Veränderung der Werte unserer fallenden geometrischen Reihe und damit des zu einer bestimmten Periodenlänge gehörigen „truncated multiplier". Zweifellos nähern wir uns durch Berücksichtigung eines veränderlichen Grenzhanges zum Verbrauch der Wirklichkeit. Wollen wir jedoch auch jetzt noch exakt bestimmen, welche Wirkung autonome Investitionen bestimmter Höhe z. B. im Verlauf eines Jahres auf die Höhe des Volkseinkommens ausüben, dann müssen wir eine zusätzliche Hypothese darüber einführen, wie sich der Grenzhang zum Verbrauch (allgemein: der durchschnittliche Ausgabenteil) in der fraglichen Zeit verändert. Bisher hatten wir angenommen, er verlaufe parallel zur Zeitachse, jetzt müssen wir explizit angeben, ob der Grenzhang steigt, fällt, im Sinne einer Sinusfunktion schwankt,

---

[16] Allgemein gesprochen mit einem durchschnittlich konstanten Ausgabenteil.

usf.[17]. Investitionsneigung und Liquiditätsvorliebe könnten auch hier als zusätzliche Hypothesen helfen, sofern wir in der Lage sind, ihre Veränderung im Zeitverlauf irgendwie zu erklären. Selbstverständlich könnte man noch andere Hypothesen einführen — z. B. die Preiserwartungen der Konsumenten.

Aber selbst wenn wir das Multiplikatorprinzip durch Einführung zusätzlicher Hypothesen ausreichend modifiziert haben, dürfen wir noch nicht mit der Möglichkeit einer befriedigenden statistischen Verifikation der Multiplikatortheorie rechnen. Denn wir haben im Modell nicht nur spezielle Annahmen über die Einkommensdispositionen der Wirtschaftssubjekte gemacht, sondern noch andere stark abstrahierende Voraussetzungen eingeführt, wie etwa, daß die Betriebe pünktlich reinvestieren sollen und daß Überkapazitäten und freie Produktionsfaktoren vorhanden sein müssen. Nehmen wir beispielsweise an, es ergeben sich Schwierigkeiten bei der Beschaffung von Rohmaterialien und Arbeitskräften, dann sieht das Ergebnis, nämlich die Wirkung einer autonomen Investitionsveränderung auf das Volkseinkommen, möglicherweise ganz anders aus, als uns die Multiplikatortheorie beschrieben hat. Denn unter den neuen Bedingungen kann es durchaus passieren, daß im Untersuchungszeitraum durch die induzierte Nettoinvestition eine Wirtschaftskrise ausgelöst wird und damit die autonome Investitionserhöhung genau umgekehrt gewirkt hat, als auf Grund der Multiplikatortheorie anzunehmen war. Welchen Einfluß die Veränderung der ursprünglichen Modellprämissen auf die Zusammenhänge zwischen Investition und Volkseinkommen hat, hängt davon ab, welche zusätzlichen Hypothesen über die induzierten Anlageinvestitionen, die Verhältnisse auf dem Rohstoffmarkt usw. eingeführt werden. Wir kommen also mit dem Multiplikatorprinzip und dessen Modifikationen allein nicht aus, sondern müssen es mit weiteren, völlig andersgearteten Prinzipien kombinieren. Erst wenn das geschehen ist, dürfen wir mit der Möglichkeit einer statistischen Verifikation rechnen.

Einen ersten Schritt in dieser Richtung bedeutet diejenige Kombination von Akzelerator und Multiplikator, wie sie Samuelson in die Diskussion einführte[18]. Samuelson nimmt in seiner Periodenanalyse an, die Wirtschaftssubjekte verbrauchen erst heute einen Teil jenes

---

[17] *Keynes* selbst hat bereits die Möglichkeit einer Veränderung des Grenzhanges zum Verbrauch erwähnt: „Der Grenzhang zum Verbrauch ist nicht für alle Niveaus der Beschäftigung beständig, und er wird wahrscheinlich eine Neigung haben, mit der Zunahme der Beschäftigung abzunehmen" (a. a. O., S. 103); allerdings konnte Keynes diese Aussage nicht auf seine statische Multiplikatortheorie übertragen.

[18] P. A. *Samuelson*, Interactions between the Multiplier Analysis and the Principle of Acceleration, The Review of Economic Statistics, 1939.

Einkommens, das sie bereits gestern empfingen. — Unabhängig vom Grenzhang zum Sparen, nämlich entsprechend den Bedingungen des Akzelerators, wird außerdem in der gleichen Periode, in der die Wirtschaftssubjekte ihr Einkommen empfangen, investiert[19]. Und zwar wird die Investitionshöhe durch die Differenz des Konsums in (t) gegenüber dem Verbrauch in Periode (t—1), multipliziert mit dem Akzelerator, bestimmt.

Die Summe aus den heutigen Investitionen und dem durch das Einkommen der vergangenen Periode bestimmten Konsum ist dann das Volkseinkommen von heute.

Samuelson kann nun mit seinem Modell zyklische Schwankungen des Volkseinkommens erklären, deren letzte Ursache der Konsum-lag ist. Sobald wir den lag eliminieren, bekommen wir die „regulär ansteigende Wirtschaft" Harrods[20]. Ist der Konsumlag jedoch eingeführt, so werden die Schwankungen von der Größe des Grenzhanges zum Verbrauch und dem Akzelerator bestimmt.

Bei der rein güterwirtschaftlichen Interpretation des Modells von Samuelson gibt es nun eine entscheidende Schwierigkeit: Samuelson spricht von „negativen Nettoinvestitionen", worunter vernünftigerweise unterlassene Reinvestitionen zu verstehen sind. Nimmt der Konsum gegenüber der Vorperiode ab, dann wird im Modell Samuelsons die Reinvestition genau derjenigen Produktionskapazität unterlassen, die durch den Nachfragerückgang überflüssig wurde. Das heißt die negative Nettoinvestition folgt genau dem Konsumschwund[21], und es kann in Samuelsons Modell niemals Überkapazitäten geben[22]. Nun sind Überkapazitäten letzten Endes mit dem Phänomen der Lebensdauer der Anlageinvestition verbunden. Arbeitskräfte können entlassen werden, Produktionsaggregate nicht — jedenfalls nicht ohne erhebliche Verluste. Wir müssen deshalb annehmen, daß im Modell Samuelsons die Lebensdauer der Investitionsgüter gleich der Einheitsperiode (t) ist — womit allerdings andererseits die Definition des Akzelerators auf Schwierigkeiten stößt. Der Akzelerator kann bei einer Lebensdauer von 1 maximal den Wert 1 haben, und zwar nur dann, wenn

---

[19] $Y_t = g_t + \alpha Y_{t-1} + \alpha\beta (Y_{t-1} - Y_{t-2})$, Samuelson, a. a. O., S. 76.

[20] Vgl. R. F. *Harrod*, An Essay in Dynamic Theory, Economic Journal, 1939 und Towards a Dynamic Economics, London 1949.

[21] Beispiel: $\alpha = 1/2$, $\beta = 2$, $Y_{t-1} = 10$, $Y_{t-2} = 8$. g_t bleibt unberücksichtigt. Setzen wir diese Werte in $Y_t = \alpha Y_{t-1} + \alpha\beta (Y_{t-1} - Y_{t-2})$ ein, so erhalten wir $Y_t = 5 + 2 = 7$. Für die Periode $t + 1$ bekommen wir dann $Y_{t+1} = 3,5 - 3 = 0,5$. Die Differenz zwischen dem Konsum in t und dem Konsum in t + 1 beläuft sich auf 1,5. Die durch diesen Nachfragerückgang überflüssig gewordenen Kapazitäten haben ($\beta = 2$) den Wert 3, also den Wert der negativen Nettoinvestition. Die negative Nettoinvestition folgt mithin genau dem Konsumschwund.

wir eine vollautomatische Produktionstechnik annehmen und menschliche Arbeitskraft überhaupt nicht mehr beansprucht wird. Diese Situation ist undenkbar, so daß wir mit einem Akzelerator rechnen müßten, der kleiner als 1 ist[23], wobei sich allerdings herausstellt, daß — wie J. R. Hicks gezeigt hat — unser System überhaupt nicht, oder zumindest nicht fortgesetzt, fluktuiert[24].

Sobald wir also Samuelsons Modell rein güterwirtschaftlich interpretieren wollen, verliert es geradezu den Sinn seines Daseins: Konjunkturschwankungen zu erklären. Wie immer man sich deswegen zu einer Kombination des Multiplikators und Akzelerators stellen mag: das Konjunkturphänomen wird von solchen Modellen nur unzulänglich erklärt, und wir müssen noch weitere Hypothesen einführen, wenn wir eine sinnvolle Beschreibung des Einflusses autonomer Investitionsveränderungen auf das Volkseinkommen geben wollen, eine sinnvolle Beschreibung derart, daß eine statistische Verifikation der Theorie in Aussicht gestellt werden kann[25].

Es sollte gezeigt werden, daß die Multiplikatortheorie allein — selbst wenn das ihr zugrunde liegende Prinzip verallgemeinert wird — nicht in der Lage ist, zu erklären, wie sich das Volkseinkommen verändert, wenn der Wert eines für seine Bestimmung relevanten Ausgabenstromes autonom verändert wird. Auf den Investitionsmultiplikator bezogen: Selbst wenn außer dem Grenzhang zum Verbrauch noch weitere den Bedingungen des Multiplikatorprinzips entsprechende Hypothesen berücksichtigt werden, kann die Multiplikatortheorie uns nur eine Teilauskunft darüber geben, was geschehen wird, wenn eine autonome Nettoinvestition erfolgt. Denn die Grenzen der Multiplikatortheorie liegen im Multiplikatorprinzip selbst begründet; sollen genauere Aussagen über die Einflüsse autonomer Investitionsstöße auf das Volkseinkommen erreicht werden, so müssen zusätzliche, völlig andersgeartete Prinzipien eingeführt werden. Ein erster

---

[22] was wiederum eine conditio sine qua non für die störungsfreie Anwendung des Akzelerators ist.

[23] Dabei gehen wir davon aus, daß der Wert des Akzelerators einmal von der Lebensdauer t der Investitionsgüter abhängt, und zum anderen von einem Koeffizienten ϱ ($0 < \varrho < 1$) bestimmt wird, der den „Grad der Mechanisierung" ausdrückt, ϱ bezeichnet dabei den Anteil mechanischer Arbeit am einzelnen Fertigprodukt und läßt sich annäherungsweise als die Relation zwischen Stückabschreibung und Stückkosten vorstellen. Ist die Lebensdauer gleich der Einheitsperiode, so kann der Akzelerator keinesfalls größer, sondern nur noch kleiner als 1 sein.

[24] J. R. *Hicks*, A Contribution to the Theory of the Trade Cycle, Oxford 1950, S. 74.

[25] Als nächstes wäre z. B. das Problem der Produktionsstruktur zu beachten; Produktionsstruktur im Sinne von G. *Haberler*, Prosperität und Depression, Bern 1948, S. 38/39.

Schritt in dieser Richtung ist die Kombination von Multiplikator und Akzelerator, aber auch das genügt noch nicht, und wir sind gezwungen, weitere Grundsätze — z. B. ein Prinzip, das den Problemen der Produktionsstruktur Rechnung trägt — einzuführen, um uns so allmählich ein Modell zu schaffen, das einigermaßen brauchbare Aussagen über den Einfluß autonomer Investitionen auf das Volkseinkommen liefert.

Keinesfalls haben wir es dann noch mit einer wie immer gearteten Multiplikatortheorie a l l e i n zu tun, sondern mit einer mehr oder minder allgemeinen Kreislauftheorie, und wir können deswegen schließen: Die Multiplikatortheorie allein gestattet nur die Partialanalyse eines gesamtwirtschaftlichen Phänomens.

Anhang

In der Diskussion wurden u. a. folgende Thesen erörtert:

1. Die Multiplikatortheorie dient zur Beantwortung folgender Fragen:
   a) Wie verändert sich das Volkseinkommen bei Veränderung eines für den volkswirtschaftlichen Kreislauf relevanten Parameters?
   b) In der Regel wird die Fragestellung wie folgt verengt: Wie verändert sich das Volkseinkommen als Folge einer autonomen Veränderung eines Ausgabenstromes, z. B. der autonomen Investition?
2. Das zugrunde gelegte System muß konsistent sein und für die zu verändernde Größe einen Freiheitsgrad aufweisen.
3. Für die Multiplikatoranalyse ist es ohne Bedeutung, wie viele Variable das zugrunde gelegte System enthält. Das von Kahn und Keynes verwandte System zur Ermittlung ihres Investitionsmultiplikators, dem das einfache System
$$Y = C + I$$
$$C = C(Y)$$
zugrunde liegt, ist nur ein Spezialfall eines allgemeineren Systems.
4. Bei der Veränderung des Parameters, bzw. Ausgabenstromes, kann es sich handeln:
   a) um eine zeitlich begrenzte,
   b) um eine einmalige, zeitlich unbegrenzte,
   c) um eine fortlaufende, kontinuierliche oder diskontinuierliche Veränderung des Parameters bzw. Ausgabenstromes.
5. Die Multiplikatoranalyse kann in Form der komparativ-statischen oder der dynamischen Betrachtungsweise durchgeführt werden.
   a) Im Fall 4 a) gibt uns die statische Multiplikatoranalyse die Summe der infolge der Parameteränderung bis zur Periode $t = \infty$ induzierten Einkommensänderungen; die dynamische Multiplikatoranalyse beschreibt die Veränderung des Volkseinkommens während einer beliebig zu wählenden Anzahl von Multiplikatorperioden.

b) Im Fall 4 b) erhält man durch die komparativ-statische Multiplikatoranalyse den Unterschied des Volkseinkommens zwischen dem alten und dem neuen Gleichgewichtsniveau des Volkseinkommens; bei der dynamischen Analyse besteht kein Unterschied gegenüber 4 a).

c) Im Fall 4 c) ist nur die dynamische Betrachtungsweise anwendbar. Die Multiplikatoranalyse gibt hier die Veränderung des Volkseinkommens in einer festgelegten Periode als Funktion der Veränderung des Parameters in einem ebenfalls zu definierenden Zeitraum.

6. Die dynamische Analyse setzt nicht voraus, daß im Ausgangszustand ein Gleichgewicht gegeben ist. Dann muß aber zur Bestimmung des Multiplikators der Zustand des Systems in vorhergehenden Perioden bekannt sein.

7. Bei den heute gebräuchlichen Systemen sind die wichtigsten Funktionen:

a) die Konsumfunktion,

b) die Investitionsfunktion (induzierte Investitionen),

c) die Liquiditätsfunktion.

Der Theoretische Ausschuß hält es für wichtig weiter zu erforschen, wodurch Konsum, Investition und Nachfrage nach Geld determiniert sind und welcher Art diese funktionalen Zusammenhänge sind.

Printed by Libri Plureos GmbH
in Hamburg, Germany